大学生と
新社会人のための

知の
ワークブック

竹田茂生・藤木清／編

くろしお出版

はじめに

　私たちの周りには、解決しなければならない問題が山積しています。そうした問題を、効率的でかつ効果的に解決する能力を身につけるには、どのようにしたらよいのでしょうか。

　問題を解決する能力は、食べ物を料理する能力にたとえられるかもしれません。食べ物の料理は、包丁や鍋またはオーブンレンジといった道具を駆使して、素材を調理していきます。問題の解決にも、決められた道具を使いこなし、思考する技術を身につけることが第一歩になります。

　さらに、その上で自分なりに道具を微調整し、独自の調理法（思考法）を創り上げることが大切です。そうすることによって、他の人たちとは違った、新しい価値を創造できる独創的な能力を身につけることができるのです。現代社会では、そのような人材が求められています。

　本書は、考える力を養うことを目的に、新しい価値創造のための思考法のエッセンスをまとめました。本書を読み進めていくと多くの思考法を学習することができます。

　しかし、単に思考法について知っているだけでは、十分に活用することはできません。思考法は、実際に使ってみることによってはじめて身につくものです。そして、現実の社会の中で役立てることができるのです。

　そこで、本書では「頭で理解した知識」を「使える知恵」にするために、各章にワークシートを用意しました。ワークシートの問題は、複数の章と関連しています。そして、現実社会のように、複雑で錯綜した問題に対する解決策を模索するように工夫してあります。

　そのためにワークシートは、架空の蓮浦市という地方都市を設定し、身近な問題を取り上げています。ですから、ワークシートを進めていくことによって、思考法がより親近感を持って身についていくことでしょう。そして、皆さんのオリジナルの蓮浦市を創っていただきたいと思います。

　さらに、本書で学びながら、皆さんの周りにあるたくさんの問題に応用してみてください。トレーニングを繰り返すことによって、思考法を自分のものにしてください。いろいろな問題で創造的思考を重ねることによって、きっと見違えるほど進歩することでしょう。本書が、未来を志向するみなさんの問題解決の道しるべとしてお役に立てることができれば、これ以上の喜びはありません。

　最後に、本書の発行を支えてくださったくろしお出版の福西敏宏編集長をはじめ、多大なるご尽力をいただきました斉藤章明氏、市川麻里子氏、および多くのヒント与えてくれた関西国際大学の学生諸君に、感謝の意をささげます。

平成18年　3月
藤木清　竹田茂生

目　次

はじめに　i
本書の構成　vi

第1章　創造的思考法の理解　……1
問題に対峙する姿勢を持とう

- **1.1** 思考のスタート ……2
- **1.2** ゼロベース思考 ……4
- **1.3** 仮想都市 ―蓮浦― ……6
  ワークシートに出てくる人々

第2章　複眼思考　……11
立場を変え、見方を変える

- **2.1** 多面的思考の意義 ……12
- **2.2** 二面的思考の型 ―表と裏― ……14
- **2.3** 双方の立場で考えて解決策をさがす ……16
- **2.4** 価値観の相違による見え方の違い ……18
- **2.5** 多面的思考へのステップアップ ……20

> **ワークシート 2.1**
> バイパスができる！　蓮浦市の住民の思惑は ……22

第3章　論理的思考　……25
論理的な関係を追求する

- **3.1** 演繹法 ……26
- **3.2** 演繹法の事例 ……28
- **3.3** 帰納法 ……30
- **3.4** 帰納法的推論と調査の実際 ……32

> **ワークシート 3.1**
> 日の出食堂の新メニューを考えよう ……34

第4章　因果関係　……35
物事の関係を考える

- **4.1** 相関と因果 ……36
- **4.2** 因果関係 ―原因の探索― ……38
- **4.3** 因果関係の確定から解決策の模索へ ……40
- **4.4** 現状分析から未来を予測する ……42

> **ワークシート 4.1**
> 朝日デパート売り上げ減少の原因を探ろう ……44

第5章 45
図解思考法 ①
全体のメカニズムを鳥瞰する

- 5.1 図解理解 46
- 5.2 文章理解のための図解理解 50
- **ワークシート 5.1**
  文章を図解してみよう 54
- **ワークシート 5.2**
  蓮浦市の都市計画をわかりやすく解説しよう 55

第6章 57
図解思考法 ②
身の回りの現象を図解してみよう

- 6.1 状況を図解する 58
- 6.2 よい図解と悪い図解 60
- 6.3 流れを図解する 62
- 6.4 その他の図解 64
- **ワークシート 6.1**
  クリームシチューの作り方フローチャート 66
- **ワークシート 6.2**
  朝日デパートのめざす方向は 67

第7章 69
発散型思考法
アイデアを拡散する

- 7.1 発散型思考 70
- 7.2 ブレーンストーミング法 72
- 7.3 カード型ブレーンストーミング法 74
- 7.4 635法（ブレーンライティング法） 76
- **ワークシート 7.1**
  アクアパークのイベントプランをたてて、集客数を伸ばそう 79
- **ワークシート 7.2**
  おしゃれなレストラン『ヴェニス』の新メニューを考えよう 80

第8章 81
収束型思考法
アイデアをまとめる

- 8.1 収束型思考 82
- 8.2 KJ法 84
- 8.3 特性要因図法 86

ワークシート 8.1	
充実した大学生活を送るには	88
ワークシート 8.2	
アクアパーク入場者減の原因を特性要因図で探ろう	89

第9章 91
類比型思考法
連想で考える

9.1	類比型思考法	92
9.2	NM法	94
9.3	NM法の事例	96

ワークシート 9.1	
カウントダウンイベントを盛り上げよう	98

第10章 99
フレームワークシンキング①
既成の枠をはなれ、思考の枠へ

10.1	創造的問題・創造的解題	100
10.2	MECE（ミッシー）	102
10.3	ポートフォリオ分析	104

ワークシート 10.1	
朝日デパートの学園都市移転計画	106
ワークシート 10.2	
朝日デパートのターゲットを考えよう	107
ワークシート 10.3	
和菓子店の商品群をPPMで考えてみよう	108

第11章 111
フレームワークシンキング②
枠組みの中で考える

11.1	フレームワークシンキング	112
11.2	製品・市場マトリックス	114
11.3	SWOT分析＝強み・弱み分析	116

ワークシート 11.1	
朝日デパート再生を成功させよう	118
ワークシート 11.2	
栄心堂のリニューアルを成功させよう	120

第12章　コンセプト年表発想法
過去の延長上に未来を描く　　121

12.1 定性情報の分析による現象予測 122
12.2 定性情報 124
12.3 コンセプト年表の作成方法 126

> **ワークシート 12.1**
> 新生朝日デパートはどんなブランドを仕入れるか 130

参考文献　132

索引　135

著者紹介　137

各章末のワークシートを提出する際は、くろしお出版のウェブサイトからダウンロードして印刷すると便利です。http://www.9640.jp/chi-work

本書の構成

本書は、5つのステップで構成されています。

■ **第1ステップ** ■ ── 論理的思考の基礎を学ぶ

第1ステップは、思考法についての基本的概念を学びます。また、創造的思考法の重要性について理解します。なぜ、思考法を学ぶのか、どのようなメリットがあるのか、視野を広げます。

さらに、本書のワークシートで設定している仮想都市「蓮浦市」の都市の様子や登場人物、そして様々な問題について紹介します。

■ **第2ステップ** ■ ── 論理的に物事を考える

第2ステップは、思考法の基礎として論理的に考える方法について学びます。問題の構造や脈絡を理解し、筋道の立て方を学びます。

第2章は、複眼性について学習します。ある問題の解決策を考えるとき、一方的なものの見方ではなく、様々な立場からその問題をとらえることが重要です。単眼的なものの見方をすれば解決策は早く出てくるかもしれません。しかし、その策を実行することによりまた新たな問題が生じてしまうことがあります。すべての立場の人が納得するような解決策はなかなか見つかるものではありませんが、全体として良い方向に向かうような解決策やアイデアを考えることが重要です。

第3章は、論理性の基本となる演繹法と帰納法を学びます。演繹法は、Aは必ずB、Bは必ずC、ゆえに、Aは必ずCという、反証が不可能な確固とした筋道をたてて物事を説明する方法です。一方、帰納法は、AはBであるというための証拠を数多くあげて論証する方法です。これは反証が絶対に不可能というわけではありません。どちらの方法がいいとか悪いということではなく、問題によって適切に使い分けることが重要です。

第4章は、因果推論を学びます。問題の解決には、原因分析を行うことが重要であることは言うまでもありません。ただ、原因と思われることが本当に対象となっている結果の原因なのかどうかを見極めることが大切です。

■ **第3ステップ** ■ ── 問題を図でとらえる

問題をとらえ、解決策を考えるときに重要なことは、問題の全貌をきっちりと理解することです。そのためには図解が有用です。問題を図に落とし込むことができなければ、本当に問題を理解したことにはなりません。このステップでは、視覚的、空間的に問題の構造を分解し、再構成させる思考法について学びます。問題の構成要素を見つけ出し、分類し、要素の位置づけを空間的に配列し、関係のとらえ方について学びます。

第5章は、図解の練習として、文章を図に表すことを学習します。本当に文章の内容が理解できていれば、図解にして他の人に説明することが可能です。いろいろな文章を図解してみましょう。

　第6章は、様々な状況を図解に表すことを学びます。状況の図解化は見えていなかった問題点を浮かび上がらせ、重要な問題点をクローズアップさせることができます。また、時系列的に状況がどのように変化しているのかを見ることもできます。本章では、これらの基礎を学びます。

■ **第4ステップ** ■ ── 思考のスキルを身につける

　第4ステップは、具体的な思考技術について学びます。発散と収束の側面から、たくさんの情報を導き出す方法、そして効率よく、的確に収斂させていく方法を習得していきます。

　第7章は、発散的な思考技術について学びます。これは解決策やアイデアを大量に出すためのスキルです。人前で意見やアイデアを出すのが苦手な人に適した方法についても学びます。たくさんのアイデアを出すためには一定のルールがありますので、留意してください。

　第8章は、発散したアイデアをまとめていく技術です。ここでは、単にアイデアをグルーピングして整理するのではなく、似たものを集めながら、共通要素を抽出し、本質を導き出していくことが重要になります。

　第9章は、積極的に連想する技術です。何もないところから新しいアイデアを創造するのは至難の業ですが、すでにあるものから他への転用を考えることは比較的容易です。ここでは、その基本的な技術について学びます。

■ **第5ステップ** ■ ── 思考の技術を応用する

　第5ステップは、第1ステップから第4ステップまでに学習したことを基礎として、現実の社会現象を理解し、解決策を模索するために有効な思考法を学習します。ここでは、既存の確立された代表的な思考法と新しい思考法について学びます。

　第10章と第11章では、フレームワークを使った代表的な思考法を学びます。ここで学ぶ思考法は、コンサルタント会社が実際に使用しているものであり、個人的な問題からビジネスや経営戦略にまで応用できるものですので、是非マスターしてください。

　第12章では、過去の定性情報にもとづいて本質を導き出すとともに、その変遷を明らかにしていく方法を学びます。過去の延長上に未来を描くことで、体系的で説得力のある思考法になっています。これは、類似書では、紹介されない思考法です。

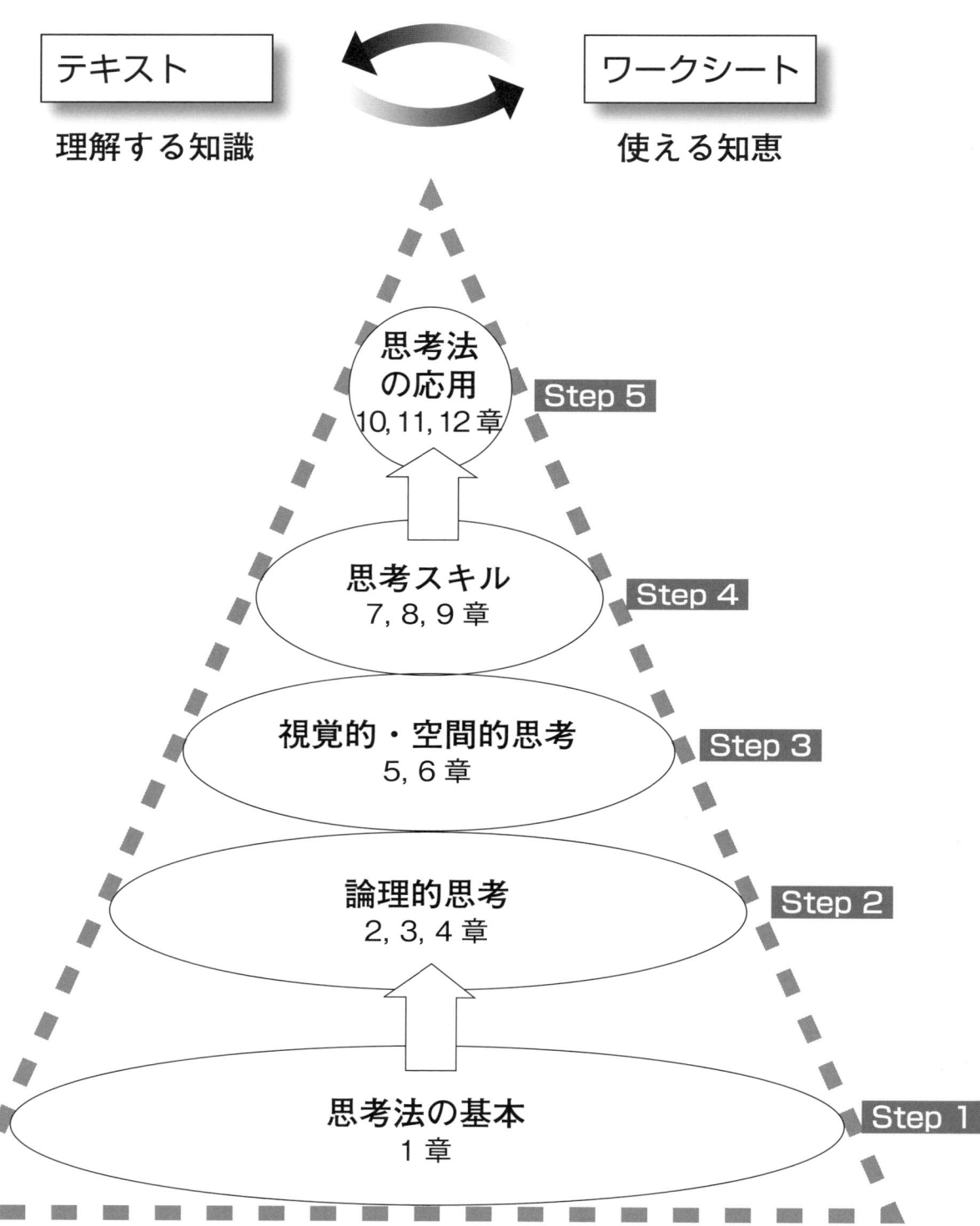

第1章

創造的思考法の理解
― 問題に対峙する姿勢を持とう ―

keywords

思考の方法
ゼロベース思考

第1章のねらい

思考とはいったいどのような作業なのでしょうか。
思考についての基本的な理解をしておきましょう。
そして、創造的思考にとって最も基本的なスタンスである
ゼロベース思考を理解しておきましょう。
まず、既成の枠にとらわれている自分に
気づかなければなりません。

1.1 思考のスタート

　本書は、目の前の問題に対処するのではなく、未来の問題を予測し、対応を創造的に考える能力を身につけることに主眼を置いています。そのために、私たちは情報を集め、整理し、分析して、問題の解決策を導き出すという作業を行うことになります。

　これらを行うにあたって、まず自分が問題に対してどのような立場にあるのかを理解する必要があるでしょう。そして、その問題に対してどこまで知っていて、何を知らないのかということを理解しなければなりません。

　対峙する問題について、知っている部分と知らない部分を認識することによって、問題の全体像が理解できるのです。

　この段階で、「知っている」から「わかる」という段階に進むことができると言えるでしょう。

　そして、この問題を解決する上で、知らない部分について情報を収集する必要があります。情報を集め、整理していくプロセスの中で、解決する方向に進みます。この段階で、「思考する」ことが始まります。分析し、解決策を見つけ出すという、創造的な行為がスタートします。

　本書は、創造的な行為を支援するスキルを段階的に学習するように構成されています。12章を終えた後には、みなさんの物事を見る視点が変化していることと思います。

　ところで、日比野省三氏は、思考法は大きく2つに分類できると述べています。1つは、過去の延長線上に描き出す従来型の思考法、もう1つは、あるべき未来から現状を改革するブレイクスルー思考です。

　有名なカラスの話があります。カラスが高圧線の鉄塔に巣を作る時に、金属を運んでくるので事故が多発しました。電力会社は研究所を設立し、この問題の解決のための研究に取り組みました。音を鳴らすとか、ダミーのカラスを設置するとか工夫をしましたが、効果は継続しませんでした。そこで、カラスのための木製の巣を作ったところ、たちどころに問題が解決しました。

　このように、問題に取り組む姿勢として、従来型とブレイクスルー型の2つの考え方はとても大切です。私たちは、問題に取り組むスタート地点で、この両者の立場を行き来することが重要だと思います。

図 1-1 知らないことを知る＝わかる

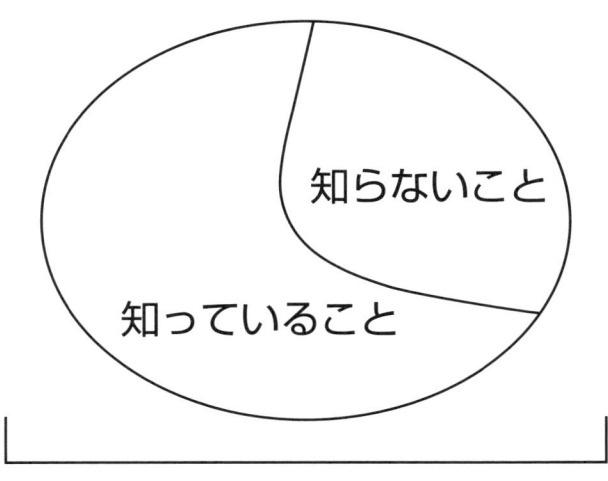

図 1-2 創造的解決へのプロセス

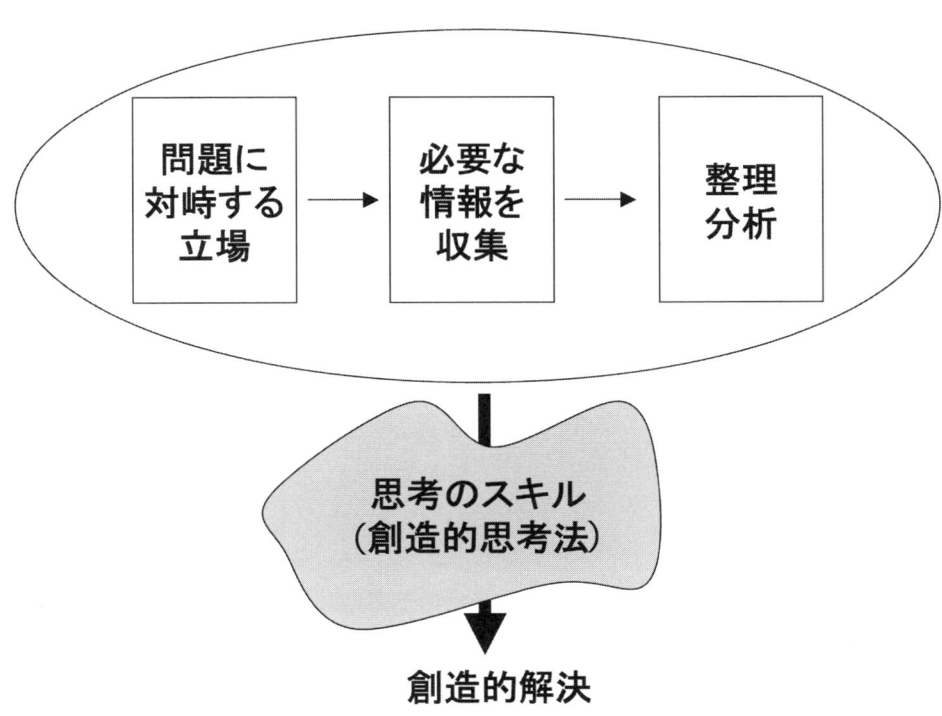

1.2 ゼロベース思考

　創造的問題を考えるときの重要な点は、問題の本質を見極めることによって「あるべき姿（目標、期待）」を的確に描き出すことです。そのためには、問題の構成要素を徹底的に洗い出し、中心的な要素を見つけ出すことが重要です。したがって、思考を常識や先入観など既成の枠から解放させ、白紙で考えることから始めなければなりません。これがゼロベース思考です。

　身近な例を考えてみましょう。冷蔵庫や洗濯機などの家電製品は、以前は「白モノ家電」といわれ、白色であることが常識でした。しかし、ライフスタイルが変わり、インテリアがカラフルになってくると、家電製品も周りのインテリアなどとの調和のために、赤や黒などの多彩な色に変わってきました。パソコンやＯＡ製品などもグレー系からカラー化が進んでいます。

　わたしたちは、常識などの既成の枠にとらわれています。そして、そうした「とらわれ」の中で、問題解決をしようとすることが習慣づいてしまいがちです。しかし、そこからは新しい価値を創造するような問題解決は望めません。

　有名なアサヒビールの事例を紹介しましょう。アサヒビールは、かつて、「夕日ビール」と陰口を言われるほど売り上げが下がり、市場シェアも１ケタにまで落ちました。キリンのラガービールの圧倒的な独占市場の中で、ビール各社は印象的な広告や、おもしろいボトルなどで売上アップを目指しました。しかし、一時的な効果しかありませんでした。そこで、アサヒビールは原点にかえりました。消費者が本当に求めているのは、おいしいビールだという発想です。そして、おいしいビールを追求するため、鮮度のよい生ビールを提供することを実行しました。これが、「フレッシュ・ローテーション革命」。古いビールは徹底的に捨て、新鮮でおいしいビールを提供することにしたのです。それが消費者の支持を得て、アサヒビールはシェアを回復しトップ企業になったのです。

　問題に対する姿勢を白紙に戻し、今までの既成概念から解放させることが何より重要です。問題を構成する要素を洗い出し、優先順位をつけ、本質的で重要度の高い要素から、創造的な問題解決を行っていくことを習慣づけるようにしましょう。

図 1-3 ゼロベース思考

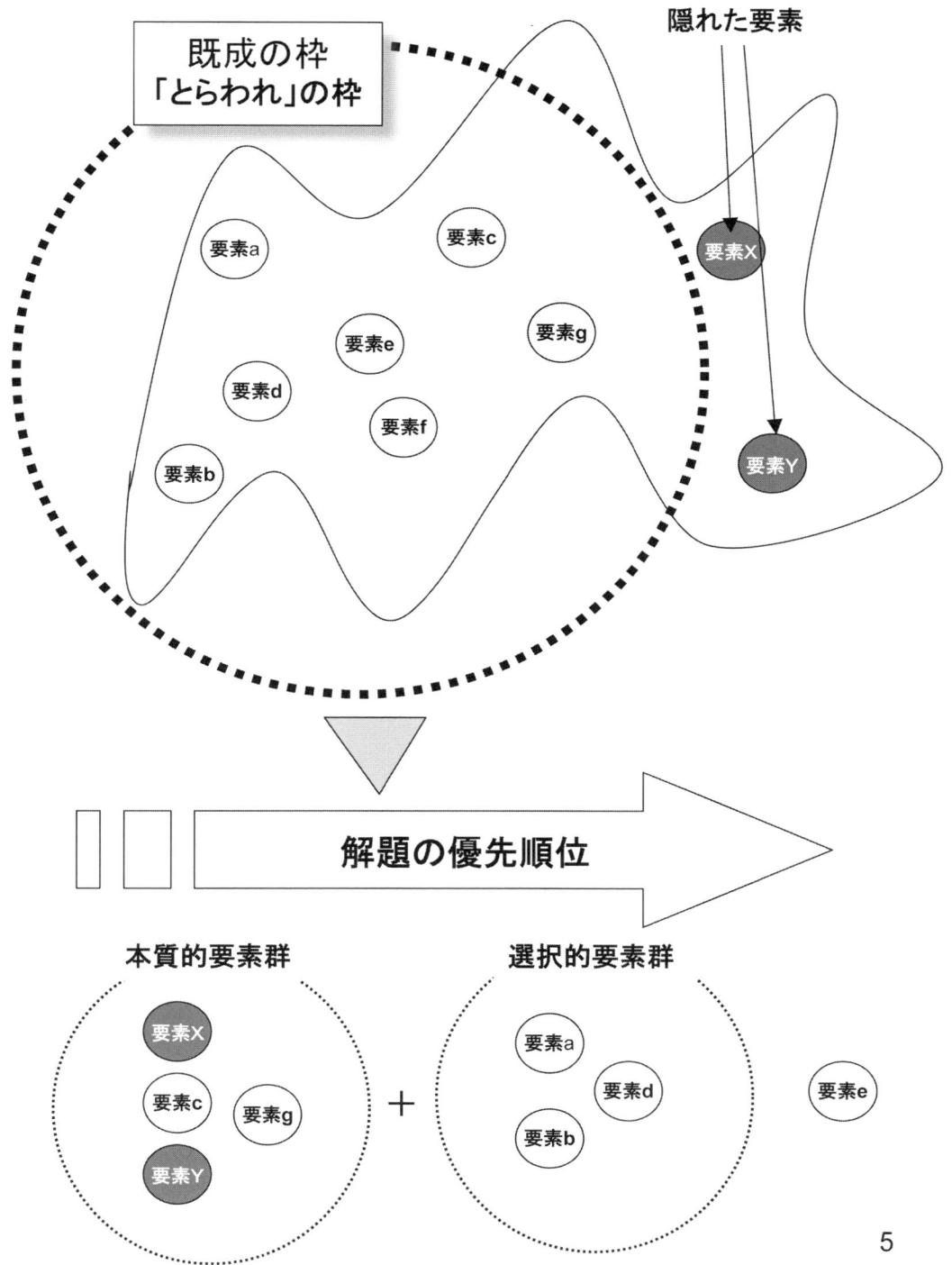

1.3 仮想都市 —蓮浦—
ワークシートに出てくる人々

　いよいよ次章からは具体的な思考法について学習していきます。その際、すべての章にはワークシートを設けています。このワークシートによって、その章で学習したことをより深く理解できるようになりますので、是非、やってみてください。

　本書のワークシートはすべての章を通して蓮浦市という仮想都市の中のできごとです。ここに登場する人物や団体はみなそれぞれに様々な問題を抱えています。どれもこれも、どこにでもよくある問題ですが、重要な問題ばかりです。みなさんもこの人々とともに創造的なアイデアを提案してみてください。そしてみなさん自身の都市を創り上げていってください。

　以下では、蓮浦市を取り巻く環境と登場人物・団体についてご紹介しましょう(蓮浦市の全体図は、巻末に掲載しています)。

■■■　地　域　の　情　報　■■■

蓮浦市
はすうら
志村　通

　蓮浦市は都心から電車で1時間のところにある人口15万人弱の地方都市です。市の東側3割の部分は平野部で、蓮ノ浦という大きな湖の入り江に面しています。平野部は農村地帯が広がっていますが、湖岸の中心部には蓮浦駅があり、商店やビル、民家が建ち並ぶ市街地が形成されています。
　駅から湖岸道路を北東へ行くと、田畑が多くなり、山々が迫り、風光明媚な風景が広がります。駅から車で30分くらいのところには、おしゃれなレストラン『ヴェニス』があり、休日には、カップルや家族連れがよく利用しています。
　逆に駅から湖岸道路を南東へ車で15分くらい行くと、ヨットハーバーがあり、たくさんのヨットが停泊しています。桟橋では、平日にかかわらずワカサギ釣りに熱中しているおじさんもいます。ヨットハーバーのそばには、県立浦南レジャーランド『アクアパーク』があります。
　一方、市の7割は山間部です。市街地中心部から車で県道16号線を西に向かうと、次第に農村地ののんびりした風景が広がります。さらに、山間部に入って西へ向かうと20分ほどで学園都市に入ります。学園都市は隣の千代田市との隣接地にあります。ここには、蓮浦大学、企業の研究所、工業団地、新興住宅が整備され、都市の中心部には、駐車場完備の大型のショッピングストアやディスカウントストアがあります。また、千代田市側に

は、都市型ハイセンスデパート『丸越』があります。

　蓮浦市役所企画課課長補佐の志村通は先祖代々蓮浦市に住んでおり、この町を何とかしたいと考えています。「旧市街地地域」、「学園都市」、「農村部」という様々な顔を持つ蓮浦市の将来について日夜没頭しています。

蓮浦市市街地

　市街地の中心にある蓮浦駅の周辺は旧繁華街になっていて商店やビルが建ち並んでいます。駅から西に向かう県道16号線のうち、彦見城跡公園までの区間は『駅前大通り』と呼ばれ、市民に親しまれています。この通りには、『朝日デパート』を起点にして商用ビルが並んでいます。観光施設としては『蓮浦郷土館』、彦見城跡公園に『淡水魚水族館』があります。これらの施設は、将来の観光資源として活用できるでしょう。

　大通りの南側は追手門町という地区で、『東山商店街』、『追手門商店街』などが並んでいます。この地区の南側を砧川（きぬたがわ）が流れており、蓮ノ浦まで続いています。川沿いは遊歩道が整備されており、『蓮浦市立図書館』や『蓮浦市立美術館』などの学術施設のほか、『鮮魚センター』や『つりセンター』があります。散歩がてらにこれらの施設に出かける人も少なくありません。『蓮浦医療福祉専門学校』もこの地区にあります。

　一方、大通りの北側は桜町という地区で、『蓮浦市立商業高校』、『青果市場』などがあります。

　蓮浦駅周辺の道路状況は、国道824号線と駅前大通り、さらに湖岸道路が交差しており、混雑しています。朝夕の通勤ラッシュ時には、常に渋滞しています。

　それにもかかわらず、人通りは年々減ってきています。朝夕は都心へ通勤する人々でいっぱいですが、昼間はあまり人通りがありません。建物も古くなり、商店街もシャッターが降りたままの店が目立ってきています。夜は8時になると、数軒の飲み屋をのぞいて、ほとんどの店は閉店してしまいます。

学園都市

橋田澄子

　学園都市は蓮浦市の西北部と隣接の千代田市の一部で整備された新都市です。蓮浦大学や企業の研究所があり、また新興住宅街があります。蓮浦大学は創立20年を迎える独立行政法人の総合大学であり、教育に力を入れています。

　学園都市の住民の4割は1時間かけて都心に通勤しています。夫婦共稼ぎも多数います。橋田澄子の家庭もご多分に漏れず、夫婦ともども都心の会社に勤める共稼ぎ世帯です。彼女のような家庭では、買い物は週末でも学園都市の中ですませるのが一般的です。しかし、必要があれば、都心まで気軽に出かけることができます。

　一方、住民の中には、農業や地場産業で働いている人もいますし、学生もたくさん住んでいます。たとえば、蓮浦大学経営学部消費行動学科に在籍している梶浦緑は、大学の近所に下宿して勉学に励んでいます。

学園都市の商業施設としては、郊外型スーパーや量販店があります。最近でも、郊外型大型店舗『てらさき』とホームセンターの『オカダ』が相次いで新規オープンしました。また、千代田市側には、都市型ハイセンスデパート『丸越』が新規オープンしています。これらの店舗はすべて大型駐車場を完備しています。

店舗の情報

朝日デパート

遠藤章悟

　朝日デパートは蓮浦駅の駅前に位置しています。近くには東山商店街などがあり、朝日デパートの建設の際には大反対されていましたが、デパートの駐車場（収容100台）を東山商店街の客にも利用できるようにするなど、共存共栄を図るよう努力してきました。

　一時は、かなりの売り上げがありましたが、最近客足が遠のいており、ここ2年は赤字が続いています。役員会では、学園都市への移転も視野に入れるべきとの声が出てきています。

　事業本部長の遠藤章悟は、朝日新太郎社長に売り上げ減少の原因について報告を求められています。

東山商店街

小川和広

　東山商店街は蓮浦駅から徒歩2,3分のところにあります。電車が開通し、駅ができたときからある商店街です。一時は商店街の中に人があふれるくらい活況を呈していました。朝日デパートが建設されたときは商店街の店の主人や奥さんは皆こぞって反対しましたが、結果的には客が増え、売り上げが伸びていました。

　ところが、最近客足が遠のいてきました。シャッターが降りたままの店舗もあり、建物なども古くなってきました。衰退が激しいのは誰の目にも明らかです。

　東山商店街会長の小川和広は中華料理店を経営していますが、なんとか客に来てもらおうと様々な企画を考案しています。今年の年末年始にもイベントをやって、何とか商店街を盛り上げたいと考えています。

日の出食堂

田中一郎

　東山商店街にある『日の出食堂』は創業20年の「安い」、「うまい」、「早い」で評判の洋食屋です。中でもオムライスは遠くからでも食べに来るほどの人気ぶりです。しかし、最近売り上げが低迷してきており、マスターの田中一郎は、頭を悩ませています。

　娘の田中美保は店の近くにある女子の蓮浦医療福祉専門学校に通っており、将来は福祉の仕事に従事したいと思っています。娘がこの道を選んだきっかけが、「お父さんの介護が必要になったときのことを考えて…」ということを一郎は気づいていません。

栄心堂

内川勇一

東山商店街の『栄心堂』は、創業80年の老舗和菓子店です。現在の店主の内川勇一は3代目です。彼は蓮浦大学経営学部の卒業生です。伝統的な和菓子づくりも大切であると考えていますが、それと同時に、新しい時代に合わせた店舗や商品作りも大事だと考えています。このあたり、中学を出てから和菓子作り一筋にたたき上げてきた頑固親父の2代目店主、内川勇とは考え方が異なっています。

レストラン『ヴェニス』

海野　渉

レストラン『ヴェニス』は蓮浦駅前から湖岸道路を北東に車で30分行ったところにある若者に人気のおしゃれなレストランです。店の前には蓮ノ浦が広がっており、とても景色の良いところにあります。海水浴シーズンでは家族連れの海水浴客や波乗りの若者が利用しますし、オフシーズンでも、休日には多くの利用客があります。

このレストランの定番メニューは「手ごねあらびきハンバーグ」「牛フィレステーキ」「店長おまかせパスタ」ですが、季節限定の新メニューを出しており、それもまた人気の秘密です。現在もオーナーシェフの海野渉はスタッフとともに来季の新メニューを考案中です。

浦南レジャーランド『アクアパーク』

佐々木奈央

蓮浦駅から車で湖岸道路を南東に15分くらいのところに作られた遊園地です。施設は①水中水族館、②遊覧船、③観覧車、④メリーゴーランド、⑤パターゴルフなどがあります。最近は、利用客が減ってきており、マーケティング課課長の佐々木奈央は頭を抱えています。新しい施設を作れば利用客の増加は見込めますが、財政状態がきびしいため新たな施設を作ることができません。

　さあ、皆さんも思考のスキルを身につけながら、蓮浦市の人々とともに問題を考えてみてください。そして、あなただけの『蓮浦市』を創造してください。

※ ワークシートに登場する人物・団体・都市などは、すべて架空のものです。

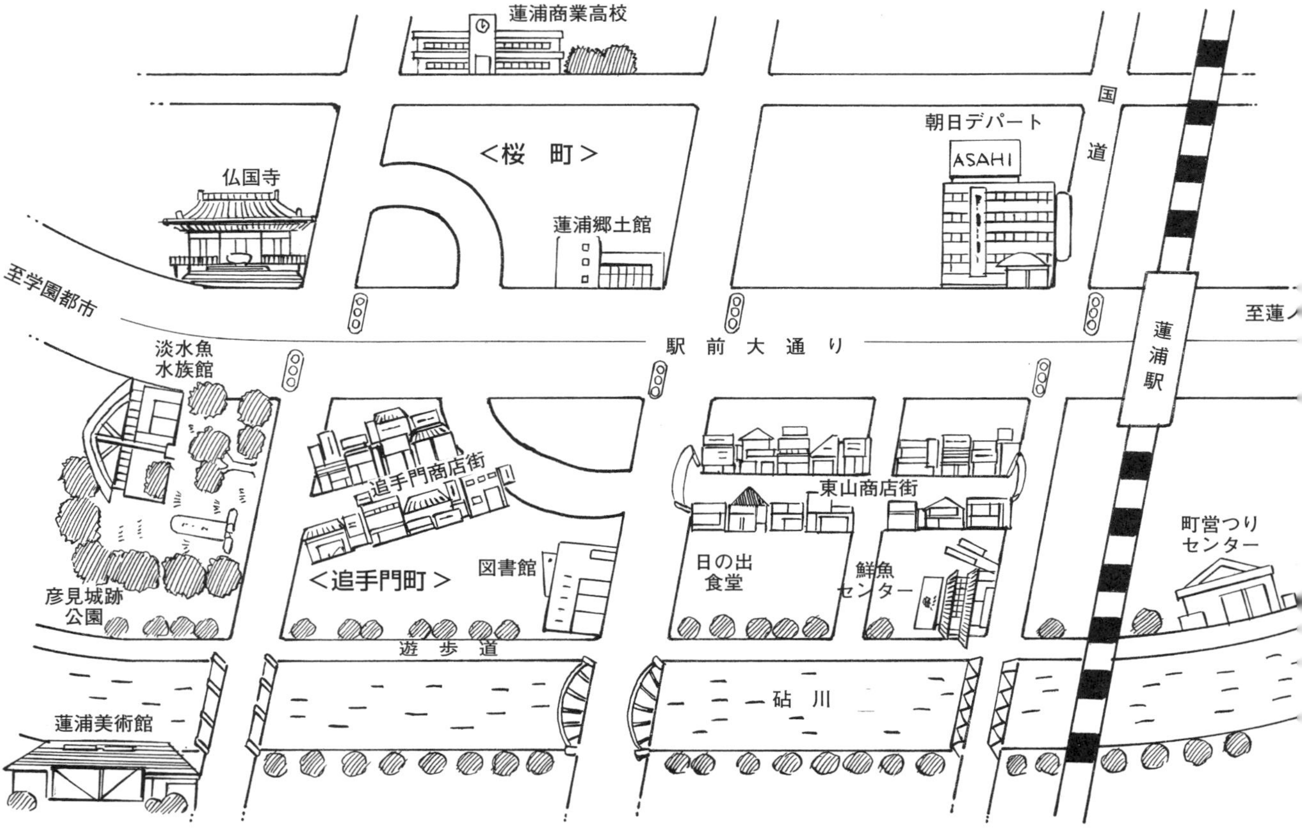

蓮浦商業高校
国
道
朝日デパート
ASAHI
<桜　町>
仏国寺
蓮浦郷土館
至学園都市
至蓮
淡水魚
水族館
駅　前　大　通　り
蓮
浦
駅
追手門商店街
東山商店街
町営つり
センター
図書館
日の出
食堂
鮮魚
センター
<追手門町>
彦見城跡
公園
遊　歩　道
砧　川
蓮浦美術館

■ 蓮浦市中心部　拡大地図 ■

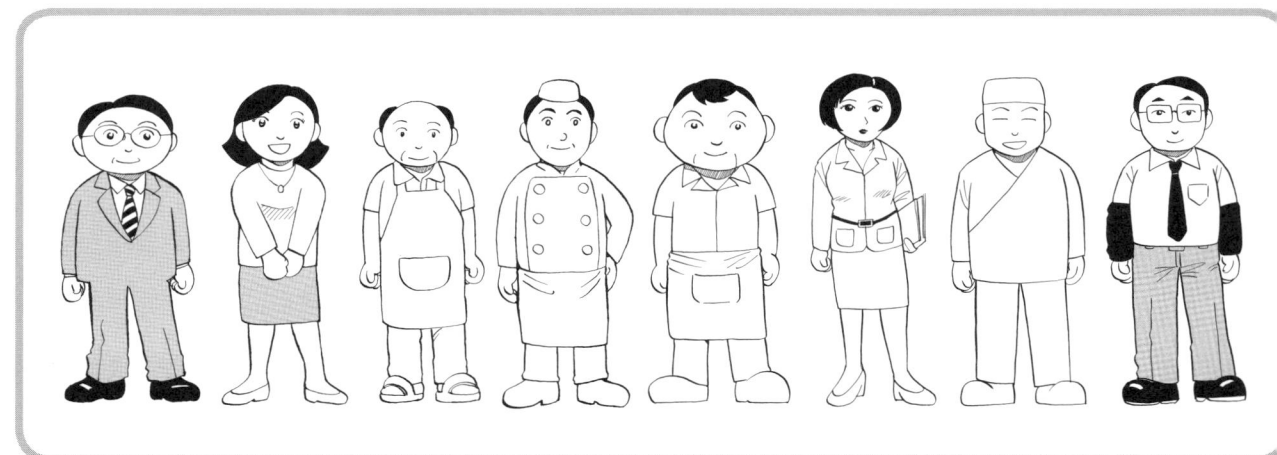

第2章

複眼思考
― 立場を変え、見方を変える ―

keywords

一面的思考

二面的思考

多面的思考

第2章のねらい

物事の一面しか見ない場合、問題を正しく認識できず、
適切な解決策が見つからないことになります。
問題をまずは二面的にとらえることで複眼思考の感覚を養い、
二者間対立を第三者的に見る視点を通じて、
多面的思考へと飛躍します。

2.1 多面的思考の意義

　物事を多面的にとらえることには重大な意義があります。多面的であるということは、一面的でないということですが、多面的思考の意義を理解するためには、一面的思考ではなぜよくないのかを考えれば納得がいくでしょう。
　一面的思考の欠点は、物事のある一面しか見ないことによって、別の面をすっかり見落としてしまい、物事の正しい姿をとらえられないことにあると言えます。図 2-1 が典型的なイメージを与える例です。立体図形の正しい形をつかむためには、複数の角度からその図形を眺める必要がありますね。
　テーブルに置かれた円柱を真上から見た場合、見える図形は「円」です。この限りでは、それはテーブルの表面に書かれた「円」なのかもしれないし、「円板」が置いてあるのかもしれません。「円柱」かもしれないし「円すい」かもしれないし、もしかしたら「球」なのかもしれません。真上から見た状態で、仮に「これは円板だ」と決めつけたとすれば、これは間違いになりますね。
　同じ図形を真横から見ているとしましょう。そうすると見える図形は「四角」です。「円柱」かもしれないし「角材」が置いてあるのかもしれません。壁に四角い紙が張ってあるだけかもしれません。やはり、真横から見ているだけでも、この図形が何であるかはわかりません。仮に「角材が置いてある」と判断するとしたら、間違いになります。
　真上から見た場合と、真横から見た場合と、あるいは斜め上から見た場合などを合わせて考え、「これは円柱だ」という判断を下せば、正しい結論が得られます。実際には、光線の加減や影のつき方などで、ぱっと見て「円柱だ」とわかるかもしれませんが、その場合でも、光や影といった要素を含んで多面的に図形を見ているとも言えます。
　複雑な社会に起こる問題でも、その見方については同じことが言えます。物事をある側面からのみ理解して、「これはこうなんだ」と決めつける思考は一面的です。そこで見落とした側面が重大なものである場合、思い込みや決めつけによる一面的判断は大きな過ちをもたらすことになります。

図2-1 多面的思考の意義

たとえば、
　立体図形の正しい形をつかむためには、複数の角度から眺める必要がある。
同じように、
　様々な問題についても、色々な角度から眺めることで実態を正確につかむことが可能になる。

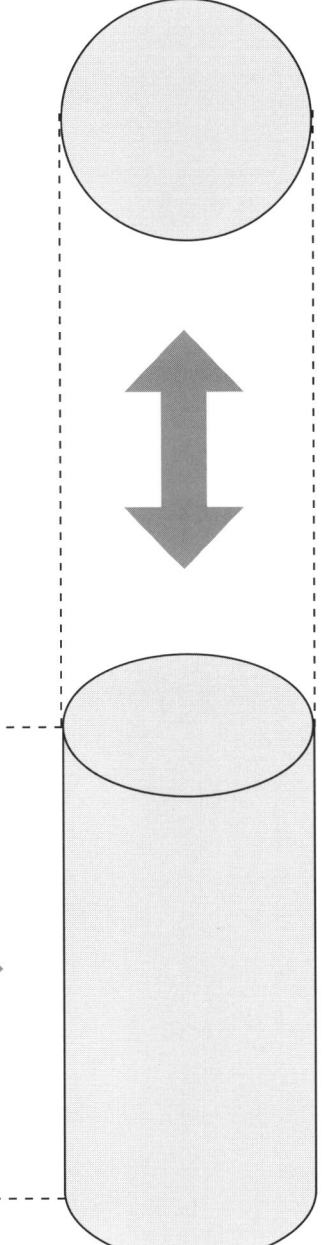

2.2 二面的思考の型 —表と裏—

　一口に多面的思考が大事だと言っても、これを実践することは容易ではありません。一気に視点を増やすというのは難しいことです。いろいろな視点を出しているつもりが、結局同じ面を見続けている、ということも起こりえます。

　一面的思考を脱する第一歩は、二面的に考えるということです。物事には二面性があるものだ、あるいは、物事には裏表があるものだ、という言い方をよくしますが、これはどういうことなのでしょうか。

　コインの裏表というのは、よく引き合いに出される例です。コインの表側と裏側では刻印されている模様が違います。スポーツでは、コイントスをして先攻後攻を決めたり、自チームの陣地を決めたりしますし、ちょっとした賭け事でも、コインを投げて表が出るか裏が出るかで勝敗を決めたりしますね。

　この場合、同じ物体であるコインについて、その表が出るか裏が出るかで、互いに対立する利害について決着がつきます。表と裏の違いがわからない物体では、こういうことはできません。オセロのコマでコイントスはできますが、碁石では無理です。真っ白の紙はどちらが表か裏かわかりませんが、どちらかに印字されれば、印字された方を表だと考えることができます。それこそ、白黒はっきりしないといけないわけです。

　つまり、表と裏で物事を語る場合、そこには、どちらが表でどちらが裏かが判別でき、そこに相対立する利害関係が張りついているという前提があります。たとえば、同じ出来事が一方にとっては得になり、もう一方にとっては損になる場合、一方が勝利すればもう一方は敗北するという場合、一方にとっては好都合なことが、同時に相手にとっては不都合となる場合、などです。

　ですから、同じ現象に対して、どのような利害関係にもとづいて、どちら側を見ているかによって、問題のとらえ方も解決策の提示の仕方も変わってくるわけです（図2-2）。その両面を見ようというのが二面的思考です。

図2-2　二面的思考　表と裏

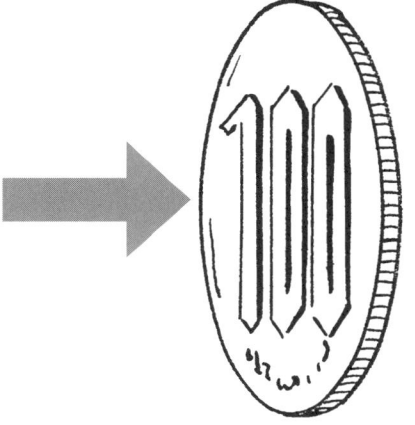
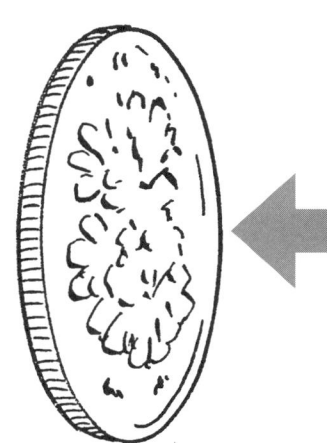

同じ物を見ていても、
どちらの面を見ているかで
見える物が全然違う

2.3 双方の立場で考えて解決策をさがす

　今日の社会的問題の1つである喫煙問題は、相対立する利害関係者双方の立場に立って事態を考察することで、結果的に、双方にとって納得のいく解決策を導くことができます。

　愛煙家が自分の都合だけを主張すれば、「吸いたいときに吸う自由」を訴えるでしょう。しかし、嫌煙派からすれば、受動喫煙による健康被害なども含めて、喫煙者の身勝手な自由なんて認めたくないでしょう。このままでは、双方の歩み寄りがなく、問題は解決しません。現実にはどうなっているでしょうか。

　今やファミリーレストランやファーストフード店では、禁煙席のスペースの方が広くなっているところもありますし、全面禁煙のお店も散見されます。反面、テーブル上に当然のように灰皿が備えてある店も存在します。駅のホームはほぼ全面禁煙に移行していますが、新幹線を始めとして特急の車両については、禁煙車と喫煙車の両方が設けられています。喫煙に関する人々の意識や行動が相対立して併存しているのであれば、当面は、双方の利害を調整する形として、「分煙」を徹底するというのが現実的な解決策になるでしょう。煙草が健康に悪いことはわかっていても、習慣化した喫煙行動が一気に全面規制されてしまえば、困る人も大勢いるわけです。

　このように、利害の相対立する双方の問題と関心を併せて考えることができれば、それによってひとまず思考の二面性が確保できます。その結果、双方にとって納得のいく解決策が生まれたり、新たな問題提起が生まれて考察を深める機会を得ることができます。どちらか一方の視点だけでは、このようなメリットは生まれてこないと言えるでしょう。

　さて、それでは例題を見てください。利害関係者としてコンビニの店長とバイト店員が向き合っています。当面している問題は、このバイト店員が「今日、具合が悪いので休みます」と連絡をしてきた、という状況です。これを、

1. 自分の立場にあくまでこだわったとき
2. 相手の立場も考えてあげたとき

とで、互いの言葉がどんなふうに違ってくるでしょうか。答えはいろいろありえます。考えてみてください。

バイト「今日、具合が悪いので休みます」

例題1

自分の立場にこだわったときのそれぞれの言い分は？

例題2

相手の立場に立って考えたときのそれぞれの言い分は？

図 2-3　二面的思考　こっちの立場と向こうの立場

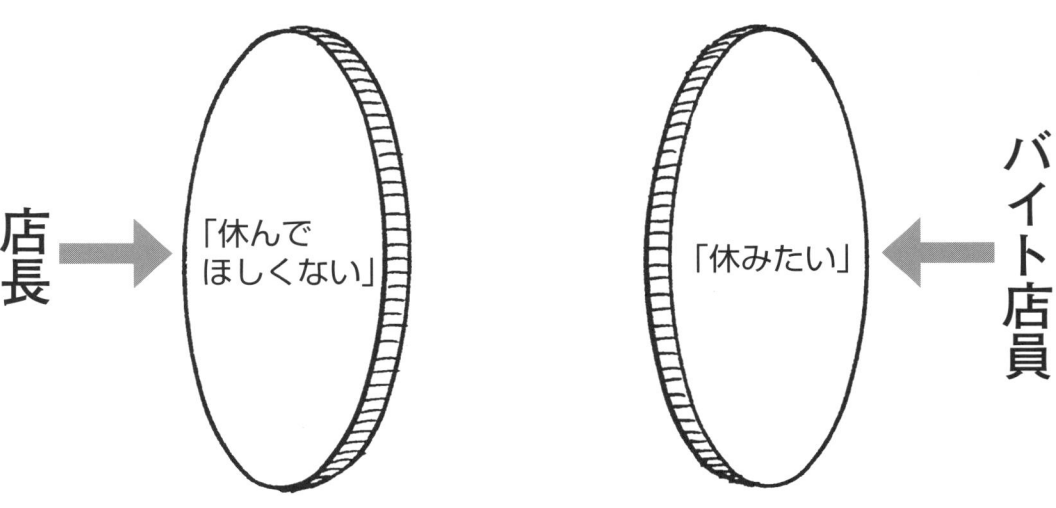

2.4 価値観の相違による見え方の違い

　利害が相対立する両者は、同じ現象を見ていても、問題を同じようには見ていません。双方が一方的に自己の立場のみに従ってものを考えていても、なかなか解決策が見出せません。双方が互いに相手の言い分に耳を傾け、自分の利害と相手の利害を照らし合わせて考えるとき、双方にとって納得のいく解決策が見出せる可能性がでてきます。もしくは、双方の立場を公平に見ることができる第三者がいれば、利害が絡まない分、両者の立場に立った二面的思考がしやすくなります。

　ところでこの利害対立は、1人の人間の頭の中でも起こりえます。「あばたもえくぼ」という言葉がありますが、普通の感覚では欠点に見えるものも、見方を変えれば美点になりうる、という意味を含んでいます。まさに、世の中の幸も不幸も、その人の見方次第、考え方次第、という状況はよく起こります。

　図2-4で考えてみましょう。「コップに水が半分残っている」という状態を見て、それをどう評価するかは、評価者の主観次第です。難破した船の上で最後に残った飲料水を大切に扱おうとしている極限状態に置かれた人にとって、「もう半分しか残っていない」という悲観的な心理状態でとらえるか「まだ半分残っている」と前向きに考えるかで、事態の重大さは変わってきます。あるいはまったく別の場面として、何かの罰ゲームで、大量の水を飲まねばならない、という状況では「まだ半分もあるのか」と思うか「やあ、あと半分までに減ったぞ」と思うかでは、主観的な幸不幸の状態は全く違うでしょう。

　これは、価値観の相違による見え方の違いの例です。二面的思考を実現させるもう1つの方法論がここにあります。同じ現象に対して、好意的に解釈するか否か、ポジティブに見るのかネガティブに見るのか、想定しうる思考パターンがひとつ出てきたら、それをひっくり返してみることで、思考は二面性を持ちえます。

図 2-4　二面的思考　価値観の相違による見え方の違い

コップに半分の水

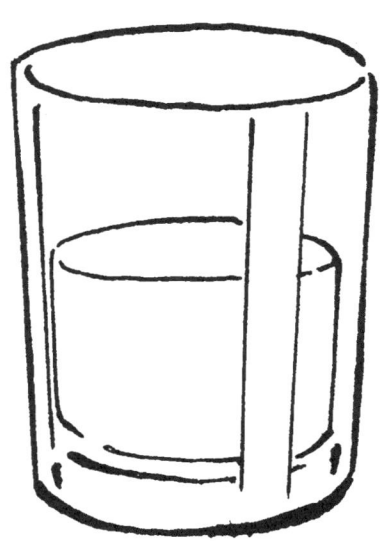

もっと飲みたい人
→「もう半分しかない！」

もう飲みたくない人
→「まだ半分もある！」

例題 3

全行程 200 キロのドライブ中、ちょうど中間地点で休憩中の運転手がいる。彼は、今どんな気分だろうか？　上の要領で、彼の置かれた状況を色々に想定しながら考えてみよう

2.5 多面的思考へのステップアップ

　二面的思考ができるようになれば、次の課題は「二」より多い面数の思考ということになります。平面で見ていたものを立体でとらえると言えば、例えとしてはわかりやすいのですが、現実の問題を考察する場合には、どのようにすればよいのでしょうか。

　ここでは1つの問題状況を巡って、そこに関わりを持つ利害関係の束を何通りも設定しつつ、全ての利害関係を超越した「第三者」の立場で眺めるという方法を試してみます。

　図2-5では、先進国による発展途上国へのODA、すなわち政府開発援助の問題を図式化しています。普通に考えれば、援助をする側は、「人道的支援」という言葉が端的に示すように、「いいことをした」という気持ちで人・物・金を途上国に提供します。この提供を受け入れた側も、自国の苦境を解決しうるものとして大いに歓迎するでしょう。この段階では、「国対国」の二者間の関係であり、助けた側、助けられた側の関係は比較的単純です。

　ところが現実に起きている問題は複雑です。まず、このような援助が、途上国において、本当に援助を必要とする国民のレベルに降りているのか、国民全体の福祉の向上に貢献しているのか、という配分の問題があります。他にも、生活の近代化が急激すぎて環境破壊を引き起こしていないか、生活の近代化イコール欧米化であって、現地の土着の文化を滅ぼすことにならないか、援助を受ける側が「援助慣れ」してしまって、先進国への依存体質を強化することにならないか、先進国の巨大企業が援助先に子会社や工場を進出させて、経済的支配を強めるだけにならないかといった問題が指摘できます。

　援助する側も一枚岩ではありません。単純な話、経済大国としての日本の援助額は膨大なものになっていますが、「他国を援助するくらいならこっちを助けてくれ」と言いたげな生活困窮者も日本国内に存在します。また、援助を必要とする国はたくさんあるのですが、どの国にどの程度の援助をするのかという配分の問題を巡っても利害が錯綜します。

　考えるべき問題が大きくなればなるほど、そこに関わる多様な立場の人々の利害関係を整理し、全体を多面的思考で俯瞰することが求められます(図2-6)。

図 2-5 する側とされる側の論理

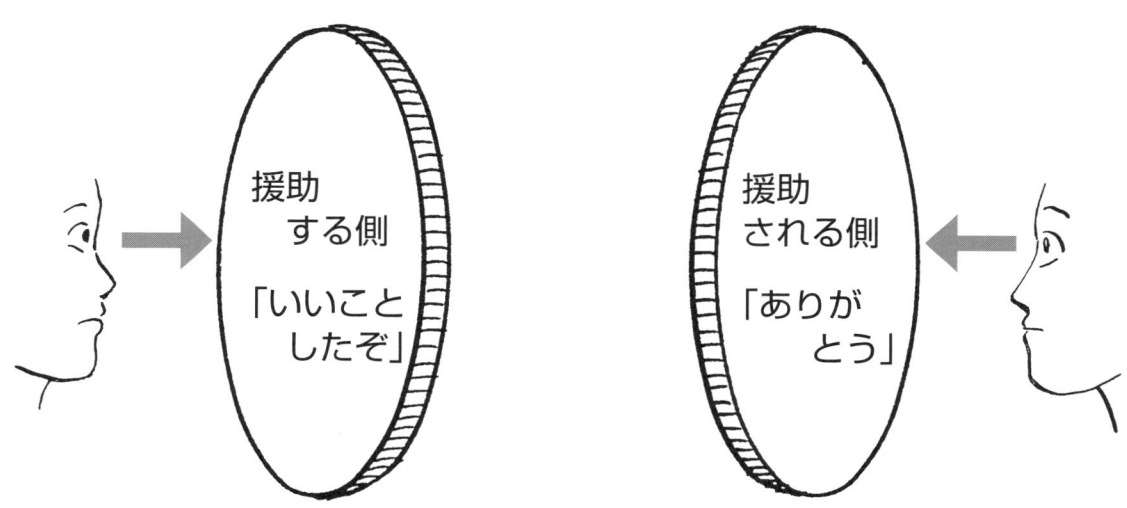

図 2-6 全体を俯瞰する視点

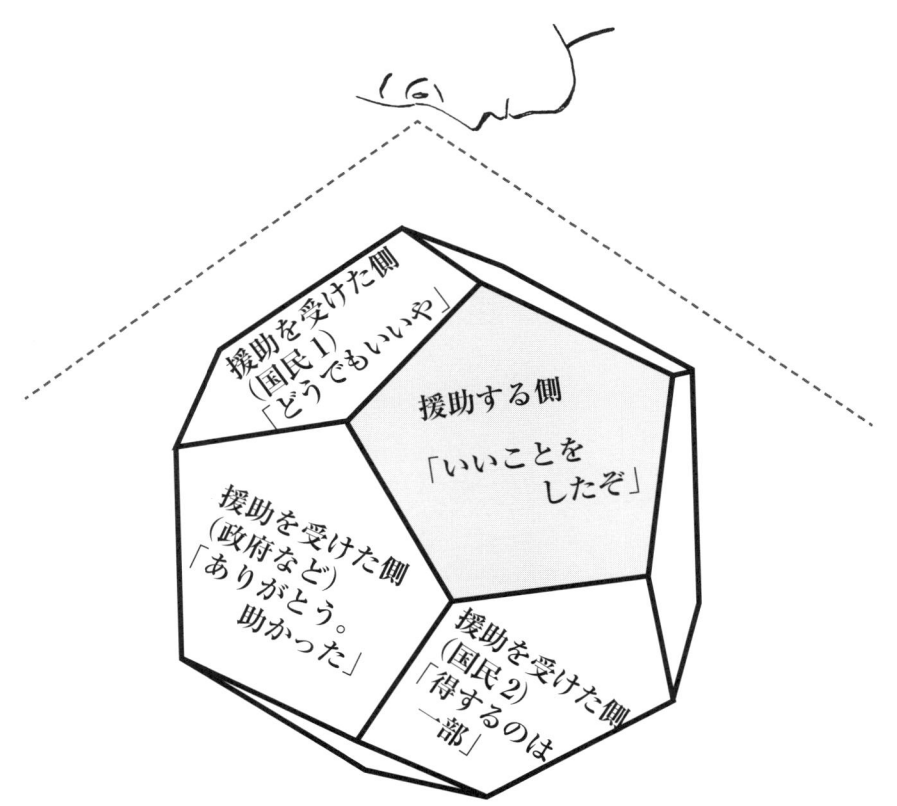

ワークシート2.1　バイパスができる！　蓮浦市の住民の思惑は…

　蓮浦市は都心から鉄道で1時間のところにある人口15万人弱の小さな市である。

　駅を中心に市街地が形成されている。駅周辺の旧繁華街は国道824号線と湖岸道路、さらに学園都市につながる県道が交差する場所でいつも混雑している。駅前には朝日デパートと東山商店街がある。

　朝日デパートは最近客足が遠のいて売上高が下がり、月によっては赤字になることもある。事業本部長の遠藤章悟は、朝日新太郎社長から売り上げ減少の原因について報告せよと厳命を受けている。

　東山商店街もやはり客足が遠のき、建物なども古くなってきて衰退が激しい。商店街会長の小川和広は中華料理店を経営しているが、なんとか客に来てもらおうと様々な企画を立案している。

　駅から湖岸道路を北東に30分のところにレストラン『ヴェニス』がある。このレストランは一年を通して家族連れや若者でにぎわっている。オーナーシェフの海野渉は新しいメニューを模索し、常に顧客満足に気を遣っている。ところで、この湖岸道路は抜け道がないためにオフシーズンでも土日・祝日はいつも混雑している。平日でもトラックが行き交い交通量が多い。

　蓮浦市の郊外、千代田市との市境には学園都市があり、蓮浦大学、企業の研究施設、新興住宅地がある。最近、大型婦人服ディスカウントストア『てらさき』、大型DIY『オカダ』が相次いで新規オープンした。また、千代田市側には都市型ハイセンスデパートの『丸越』がオープンした。いずれも大型駐車場が完備されている。学園都市の公共交通機関はバスしかないため、この地域では乗用車が主な移動手段である。一世帯あたりの自動車保有台数は、平均1.8台である。橋田澄子は最近、家族とともに学園都市の新興住宅に引っ越してきた。彼女は、夫と同様都心のオフィスに勤務しており、夫婦共働き世帯である。買い物は週末でも学園都市の中ですませることが多いが、必要があれば、都心まで気軽に買い物に出かける。

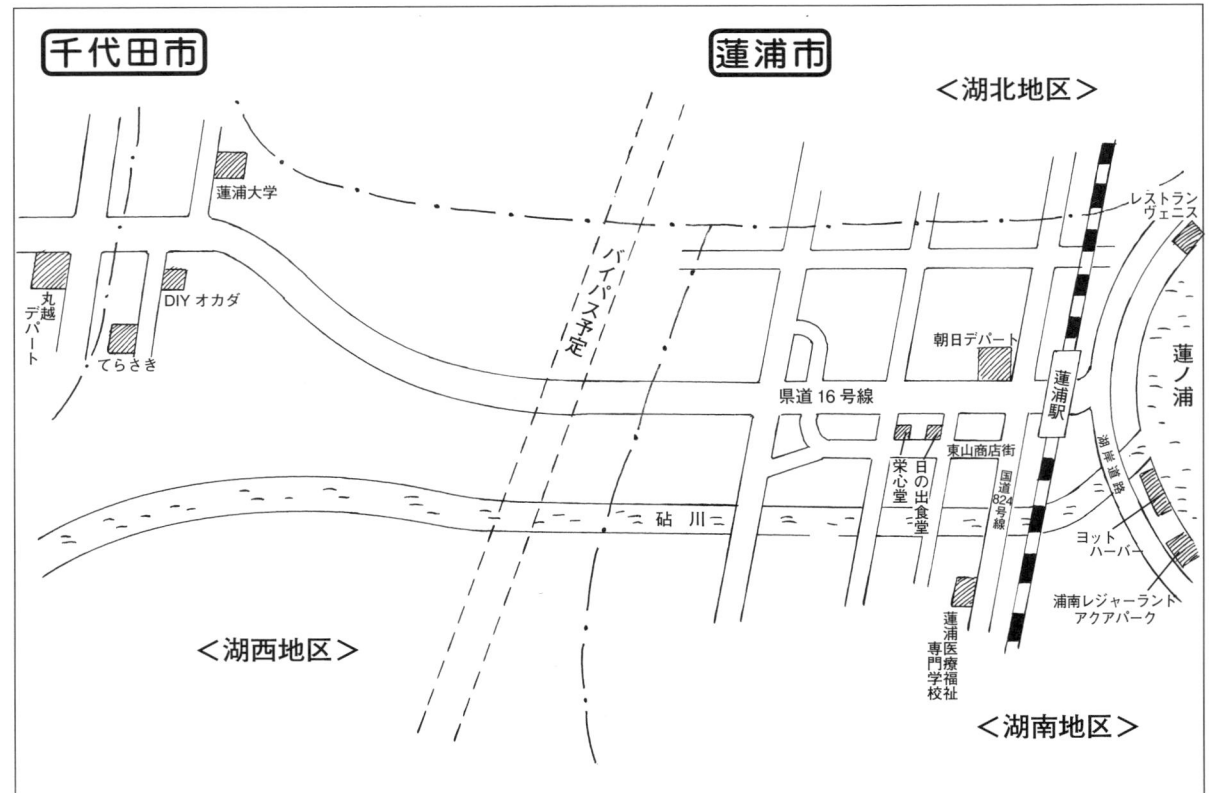

▶▶ 下の問いに答えなさい。

(1) 市街地から西よりのところに、国道824号線と平行して走るバイパスができることになりました。この話を聞いた次の4人は賛成でしょうか、反対でしょうか。どちらかを選び、その理由を書きなさい。また、その意見や感想に対して地域住民の反応はどうでしょうか。

	意見・感想	地域住民の反応
遠藤章悟	1. 賛成　2. 反対 理由）	
小川和広	1. 賛成　2. 反対 理由）	
海野渉	1. 賛成　2. 反対 理由）	
橋田澄子	1. 賛成　2. 反対 理由）	

(2) 4人は、(1)であげた賛成（反対）の意見を踏まえてどのような対策を考えるでしょうか。また、地域住民への対応についても考えましょう。

	対策	地域住民への対応
遠藤章悟		
小川和広		
海野渉		
橋田澄子		

遠藤章悟 45歳 男
・衰退しつつある朝日デパートの事業本部長
・再建の鍵を握る

小川和広 53歳 男
・東山商店街会長
・中華料理店店主
・何とかして客足をのばしたい！

海野　渉 37歳 男
・レストラン『ヴェニス』のオーナーシェフ
・客の満足を追求する姿勢が奏功し、繁栄中

橋田澄子 32歳 女
・夫婦ともに都心のオフィスで働く
・最近、学園都市に引っ越してきた

THINKING

第 3 章

論理的思考
― 論理的な関係を追求する ―

keywords

演繹法と帰納法

必然と蓋然

第3章のねらい

論理的思考の基本2パターン、
演繹法と帰納法を理解しましょう。
緻密な論理の組み立てをトレーニングして、
現実問題へのリサーチにも活用しましょう。

3.1　演繹法(えんえき)

　この章では論理の組み立て方について学びます。ある結論を導くためには、誰もが納得できる証拠を示すとともに、その証拠と結論との間のつながりについても、ふつうに物事の正しさを判断できる人間であれば納得できるような性質のものである必要があります。このような証拠と結論の関係は論理的、あるいは合理的であると言えます。そして、物事の論理的な関係を追及する考え方を論理的思考と呼ぶことができます。

　伝統的には、論理的な関係を示す方法論として2通りのやり方があります。演繹と帰納です。ここではまず、演繹法について説明します。

　演繹法の代表的なケースは数学の証明問題などに見られます。数学の定理や公式は、誰もが反論できない正しい知識として共有されているもので、そうした証明済みの定理や公式を順次積み上げていって得られた結論は、やはり、誰も文句がつけられない正しさを獲得できていると考えます。もっとも、そこで用いられている数学的定理や公式自体が理解できない人には、そのような数学的証明が正しいと言えるのか、判断がつかないわけですが。

　ただ、日常的に起こる出来事についても、誰もが間違いないと認められる前提をもとに、その前提とは別の事柄の正しさを立証するということが行われています。その場合の「前提」は、数学や自然科学の法則であったり、法律であったり、人々が当然と考える「常識」であったりします。たとえば警察の犯罪捜査や民事裁判などでも、法律の条文が規定する権利関係や捜査の過程で発見された物的証拠をもとに、誰もがそうだと納得せざるを得ない論理的な関係を積み上げて犯人が逮捕されたり、判決が下されたりすることになります。

　つまり、演繹法とは、わかりやすく言えば、「誰もが納得できる理由づけにしたがって、理詰めで論理関係を組み立てて結論を導く方法」ということになります。図3-1で言えば、(1)矢Aと矢Bは平行にささった、(2)矢Bと矢Cが平行にささった、ならば当然、(3)矢Aは矢Cと平行であると言えます。このような関係が成立するとき、演繹的に正しい論理が成立していると言えるのですが、そうならないときには、正しくないと言えるわけです。

図3-1 演繹法

- ・誰もが納得できる理由づけによって
- ・きっちり理詰めで組み立てて
- ・結論を導く方法

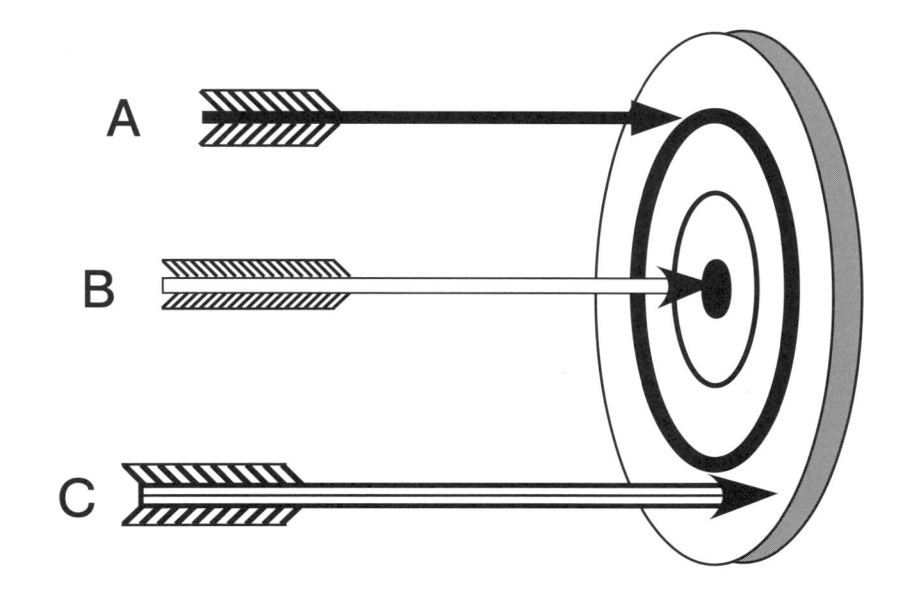

矢Aと矢Bは平行にささった
矢Bと矢Cは平行にささった
　⇨したがって、矢Aと矢Cは平行である

3.2　演繹法の事例

　話が抽象的になるとわかりにくいので、具体例を示しましょう。図3-2の「正しい例」を見てください。まずAとして「X大学は教育学部のみの単科大学である」と書かれています。「単科大学」とは、ただ1つの学部で構成されている大学です。つまり、X大学にある学部は教育学部だけである、ということになります。

　次にBでは「れいこはX大学の学生である」と書かれています。教授でも事務員でもないわけですね。そしてC「れいこは教育学部に在籍している」という結論が導かれます。「学部に在籍している」というのは、「学生としてその学部に籍を置いている」という意味です。れいこがX大学の学生であり、かつX大学には教育学部しかないわけですから、れいこは教育学部の学生でしかありえないわけです（図3-3参照）。

　次に「間違っている例1」を見ましょう。これは「正しい例」のBとCがちょうど入れ替わっている形です。ただそれだけなのですが、論理的におかしいということに気づくはずです。B「れいこは教育学部に在籍している」が正しいとしても、それはどの大学の教育学部なのでしょう。X大学であるとは限りませんね。したがってC「れいこがX大学の学生である」と断言することはできなくなります。

　しかし、「れいこはX大学の学生ではない」とも言い切れません。れいこはX大学の学生である可能性も残っています。つまり、「Cの結論がいつも正しいとは言えなくなる」ということです。

　もう1つの「間違っている例2」を見てみましょう。これは「正しい例」のBとCを否定形にしたものです。これも論理的におかしいですね。B「れいこがX大学の学生ではない」からと言ってC「れいこは教育学部に在籍していない」とは言えません。

　ここで例題をやってみましょう。「正しい例」のAの部分を「X大学は文学部と教育学部で構成されている」とすると、BからCへの論理展開は正しいでしょうか。正しくなくなりますね。ではどこがおかしいのか、説明してみてください。

　もう1つ例題です。「間違っている例2」のBとCを入れ替えると論理展開は正しいでしょうか。

図3-2 演繹法の例

【正しい例】
A：X大学は教育学部のみの単科大学である
⬇
B：「れいこ」はX大学の学生である
⬇
C：したがって「れいこ」は教育学部に在籍している

【間違っている例1】
A：X大学は教育学部のみの単科大学である
⬇
B：「れいこ」は教育学部に在籍している
⬇
C：したがって「れいこ」はX大学の学生である

【間違っている例2】
A：X大学は教育学部のみの単科大学である
⬇
B：「れいこ」はX大学の学生でない
⬇
C：したがって「れいこ」は教育学部に在籍していない

3.3 帰納法

　次に帰納法について説明します。帰納法とは、導くべき結論を証明する事例をいくつも列挙して、その全てに当てはまる事柄があれば、それは一般的に正しいものと推論する思考の手続きです。
　これも例を見た方がわかりやすいと思うので、図3-3を見てください。
　現象1から現象5まで「○○の値段が上がった」という記述が並んでいます（現象5より下にも、事例が他にもあれば続けて列挙することはできますので、点々で何行か空けてあります）。事例としてあげたのは、シングルCD、缶コーヒー、ガソリン、パソコン、シャツ、となっていますが、ここから結論として「物価が上がった」を導いています。つまり、身の回りにある商品をいくつも調べてみて、以前より値段が上がったものばかりだ、という観察結果から、ものの値段全般＝物価が上がったと結論づけたわけです。
　このとき、列挙した事例が全て値段が上がったものであれば、物価上昇という結論もどうやら正しいと言えますが、徹底的にあらゆる品目を調べていったら、中には値段が下がったものがあるかもしれません。その場合、物価上昇という結論は否定されるのかというと、現実的な問題としては、あいかわらず正しい結論を得たということになります。
　これは「物価」という一般命題に含まれる概念の定義にもよりますが、帰納法という思考形式の特徴でもあります。いくつもの事例を調べていって共通項目を見つけ出すという作業では、どこかで結論と合致しないケースが出てきてしまうのが普通です。それでも、そのような例外ケースがめったに出てこないのであれば、「だいたいは正しい」と結論づけてしまっても実害はありません。こういうおよその正しさを「蓋然性（がいぜんせい）」と言います。「だいたい合っている」ならばよしとするのです。
　この点、厳密な論証手続きによる演繹法では「だいたい合っている」では困ります。論理的に必ず正しいのでなければ成立しないので、この場合は「必然性」が支配する、と言います。
　これら演繹と帰納、必然と蓋然のどちらがよい、という性質のものではなく、その違いを承知した上で使い分けるということが重要なのです。

図 3-3　帰納法の例（1）

> 現象1：シングル CD の値段が上がった
> 現象2：缶コーヒーの値段が上がった
> 現象3：ガソリンの値段が上がった
> 現象4：パソコンの値段が上がった
> 現象5：シャツの値段が上がった
> 　　　　　　　・
> 　　　　　　　・
> 　　　　　　　・

↓

したがって、どうやら「物価」が上昇した

（この場合、値段が下がった品目が少々あったとしても、結論の「正しさ」は損なわれない）
　→「蓋然的には」あいかわらず正しい

3.4 帰納法的推論と調査の実際

　現実の社会で起こる様々な問題解決にあたっては、帰納法的推論によって蓋然性を確認し、そこから導き出された結論を一般法則とみなして演繹的に次の結論を導く、という手順を踏むことが多いようです。

　図3-4を見てください。最終的に導きたい結論は「猛暑により清涼飲料水が売れる」です。暑い夏にはよくのども渇くし、冷たい飲み物が欲しくなります。感覚的に、誰もが納得できる結論ではありますが、それを帰納法的に論証するためには、「猛暑」と言われる夏に、ほとんどの清涼飲料水が売れているという証拠集めをしなければなりません。

　そこで具体的な調査をしようということになりました。具体的には、ある年がその前年と違って明らかに猛暑だったということがわかったら、その2年間の清涼飲料水の品目別売上高を調べて、売上高伸び率を見ればよいでしょう。そこで調査対象品目を絞り込むことにしました。

　図3-4では対象品目として、コーラ、緑茶、ウーロン茶、ビール、野菜ジュースの5つがあがっており、数値は示していませんが、いずれも売り上げは伸びていたのでしょう。すべて「よく売れた」という表現になっています。そしてこれらが例外なく「売れた」ので、「猛暑は清涼飲料水の売れ行きを伸ばす」と結論づけました。

　しかし、ちょっと待ってください。「ビール」は清涼飲料水でしょうか。ビールは確かに暑い季節によく飲まれる「冷たい飲み物」ではありますが、あくまでアルコール飲料であって、清涼飲料水という範疇に入りません。この場合、目的を清涼飲料水の売れ行きを調べることに設定しているのなら、清涼飲料水の定義を厳密にして、そこに含まれない対象は外すべきですね。同様に、緑茶も微妙です。ペットボトルの冷やした緑茶なら該当するのでしょうが、ホットのボトルや茶葉はどうでしょう。野菜ジュースも怪しくなります。清涼飲料水が暑さをしのぎ、のどの渇きをいやし、水分補給を第一義にするものと考えれば、野菜ジュースはちょっと目的が違うような気もします。逆に、「暑ければ、冷たいものが売れる」という結論にたどり着くためなら、ビールでもアイスクリームでもかき氷でもいいことになります。帰納法的推論の際には、調査目的に合致する事例の収集が必要になるということです。

図 3-4 帰納法の例（2）

> 以下の帰納法的推論は妥当だろうか
> どこかに問題があるとすれば
> それはどこだろうか

今年は猛暑だったので、

現象1：コーラがよく売れた
現象2：緑茶がよく売れた
現象3：ウーロン茶がよく売れた
現象4：ビールがよく売れた
現象5：野菜ジュースがよく売れた
・
・
・

↓

したがって猛暑の年は清涼飲料水がよく売れる

ワークシート 3.1　　日の出食堂の新メニューを考えよう

　東山商店街にある『日の出食堂』は、商店街ができた頃から開業してかれこれ 20 年になる。周辺の環境も大きく変わってきた。そのせいか、最近売り上げが低迷してきているようだ。マスターの田中一郎は、店の近くにある女子の蓮浦医療福祉専門学校に通う娘の田中美保に、友達の食べ物の好みを聞いてきてもらった。

A 子さんはシーフードスパゲティが好き
B 子さんはナポリタンが好き
C 子さんはクリームソーススパゲティが好き
D 子さんはハンバーグが好き
E 子さんはオムライスが好き
F 子さんはミートソーススパゲティが好き

≫ 1. 上の文章から、帰納法ではどのような結論が導けるでしょうか。

≫ 2. 次の文は、演繹法ではどのような論理展開になるでしょうか。空欄を埋めてみましょう。

　1. 太田葵は蓮浦医療福祉専門学校の学生である。
　　　　　　　↓
　2. 蓮浦医療福祉専門学校は［　　　　　　　　　　　　　］である。
　　　　　　　↓
　3. したがって、太田葵は［　　　　　　　　　］である。

≫ 3. みなさんの身近なテーマで、演繹法と帰納法の例を作ってみましょう。

THINKING

第4章

因果関係
― 物事の関係を考える ―

風が吹けば桶屋が儲かる…?

keywords

相関

因果関係

予測

第4章のねらい

物事は原因と結果の関係で結びついています。
問題にしている事柄がなぜ起こったのか、
原因を追及するプロセスも論理的思考のひとつの形であり、
問題解決と意思決定の重要な手段となります。

4.1 相関と因果

　本章の中心テーマは「因果関係」です。この世界に起こる全ての出来事には何か原因があって、出来事はその結果として生じるということです。たとえば、「風邪を引いた」という結果に対して、「体を冷やしたから」とか「徹夜続きで疲れがたまっていたから」といった原因が存在するわけです。

　何かしら1つの事象が存在し、どちらか一方が他方の原因になり、もう一方が結果となる。これが明白である場合は、そこに因果関係があると言えますが、だからといって、世の中に起こる全ての事柄が因果関係で結びついているというわけではありません。

　AとBの事象の間に何か関係がありそうに見えても、それが直ちに因果関係とは言えないケースが多々あります。たとえば、人間の体重とウェストのサイズは相関している、と言えます。これは体重の重い人ほど、腰回りのサイズも大きいし、ウェストサイズが小さい人はその分体重も軽い傾向にあるというくらいの意味ですが、両者の関係は因果関係とは言えません。体重が重いからウェストが大きいのか、ウェストが大きいから体重があるのか、どちらでしょう。どちらとも言えますし、どちらとも言えません。一方が他方の原因であるとは言いがたい関係にあります。こういう場合、相関関係があるとは言えますが、因果関係があるとは言えません（図4-1）。

　またこんなケースもあります。ある特定地域に属する発展途上国グループにおいて、ミネラルウォーターの消費量と伝染病の発生率に相関が見られたとします（これは架空事例です）。つまりミネラルウォーターをたくさん消費する（飲んでいる）国ほど、伝染病で苦しむ患者が多いというわけです。

　ここに直接の因果関係を認めて、たとえばミネラルウォーター＝原因、伝染病＝結果とすると、ミネラルウォーターの飲用を禁止すべきだということになってしまいます。実際には、上下水道が未整備な国ほど汚染した川の水に生活用水を依存するため、飲用としてはミネラルウォーターを常用せねばならず、それでも衛生状態が劣悪なために伝染病が発生しやすいというからくりも考えられます。

　つまり、A「ミネラルウォーター消費量」とB「伝染病発生率」とは確かに相関はあるけれども、どちらも共通する原因C「上下水道等の衛生状態」によって生じた結果に過ぎないことになります。これを「見かけ上の相関」とか「疑似相関」と言います（図4-2）。

図 4-1　相関関係

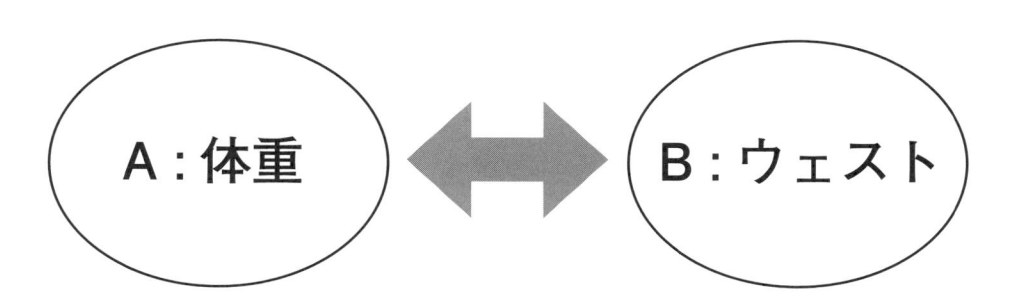

A：体重 ⇔ B：ウェスト

図 4-2　疑似相関と因果関係

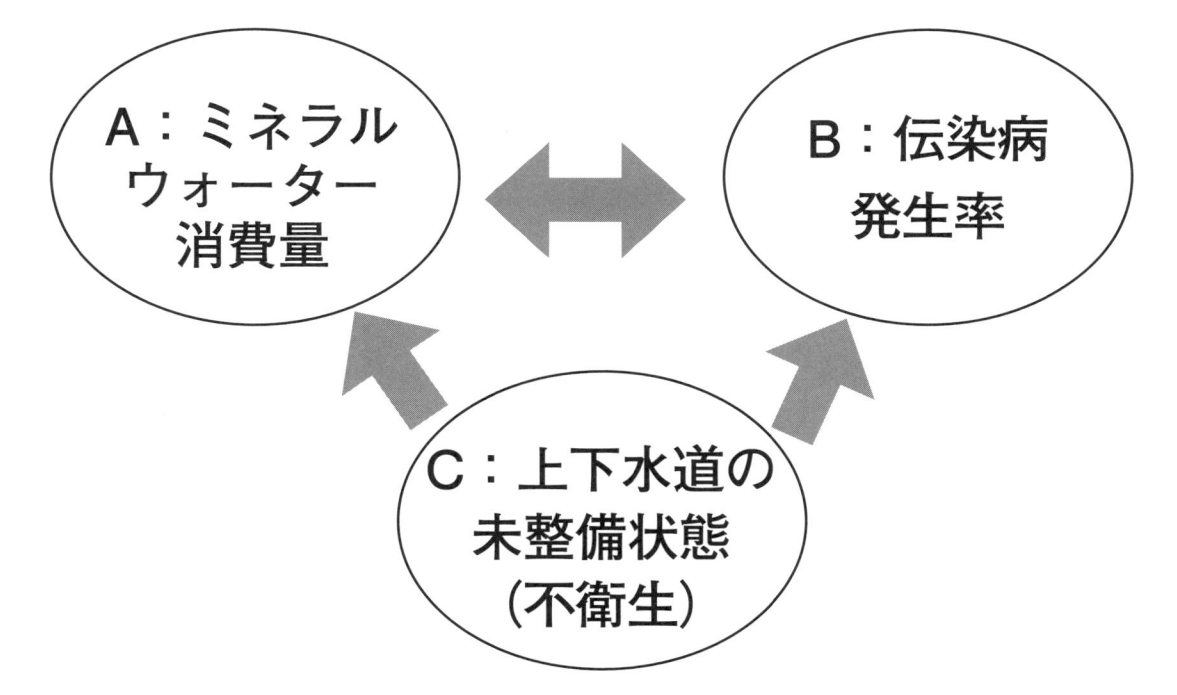

A：ミネラルウォーター消費量 ⇔ B：伝染病発生率

C：上下水道の未整備状態（不衛生）

CがA、Bそれぞれの原因
AB間は疑似相関

4.2 因果関係 —原因の探索—

　以下の事例を考えてみましょう。——Ｉさんは、最近どうも使っているパソコンの反応が遅いと感じます。一体、原因はどこにあるのだろう？
　まずＩさんは、自分のパソコンが、買ってからかなりの年数を経過していることを理由にあげました。パソコンが古いから（原因）、反応が遅いのだ（結果）と論理を組み立てたわけですが、これで納得できるでしょうか（図4-3）。
　パソコンに詳しい人は、これでも納得してしまいますが、納得できるのは、パソコンが古いことと、反応が遅くなることとの間に、様々な要因が介在することを知っているからです。たとえば、古いパソコンはメモリやハードディスクの容量が少なく、記憶しているデータファイルが増えてきたり、新しいソフトウェアを入れていったりすると、容量が追いつかなくなります。そうすると、狭い部屋に物があふれてくるのと同じで、いらないものを順番に片づけないと次の作業ができませんから、当然その分処理時間がかかります。
　また、新しいソフトウェアは、多くの場合、CPUやメモリに高い性能を要求します。新しいソフトは、最新の高性能パソコンで最大の威力を発揮するように設計されますが、その分、古いパソコンではうまく働いてくれません。場合によっては、操作感覚が悪化します。Ｉさんは、古いパソコンに最新のソフトウェアをインストールしたために、古いパソコンのスペックでは処理しきれなくなってきたのかもしれません。
　他にも、パソコンのデータファイルは何度も読み書きするうちに、書き込まれたデータがハードディスク内で分散してしまって、それをいちいちつないで呼び出すため、時間がかかることがあります。これを解消するためには散り散りになったデータを整理してつなぎ直せばいいのですが（デフラグ）、Ｉさんはそういう機能を知らないかもしれません。
　これらはパソコンが古くなることによって引き起こされ、パソコンの動作を遅くする直接の要因となっています。つまり、パソコンが古いこと自体は間接の原因で、直接の原因は古いパソコンの内部でいろいろと生じていたわけです。
　さらに別の角度から原因を探ることも可能です。もしかしたらウィルスに感染したのかもしれません。Ｉさん自身のタイピング速度が向上したため、パソコン側の処理速度が遅いと感じるようになっただけかもしれません。
　このように原因が様々に考えられるなら、どれが直接の原因でどれが間接的なものか識別する必要があります。問題の解決にかかわってくることだからです。

図4-3 原因の探索

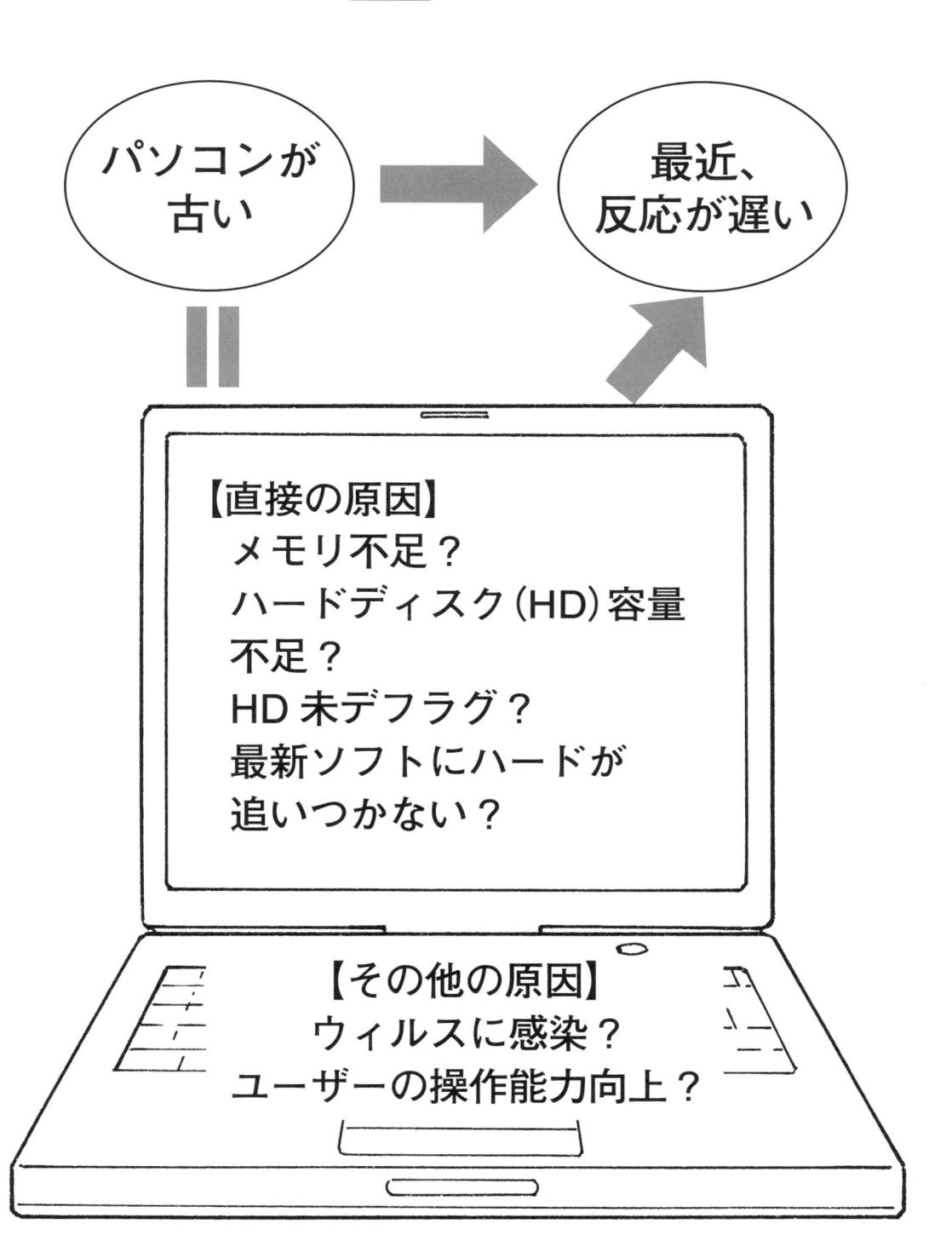

パソコンが古い → 最近、反応が遅い

【直接の原因】
メモリ不足？
ハードディスク(HD)容量不足？
HD未デフラグ？
最新ソフトにハードが追いつかない？

【その他の原因】
ウィルスに感染？
ユーザーの操作能力向上？

4.3 因果関係の確定から解決策の模索へ

　前節のパソコンの例で引き続き考えてみましょう。仮に、Ｉさんが最初にたどり着いた結論（因果関係の確定）のままであったら、Ｉさんが取るべき対策はどうなるでしょうか？「パソコンが古い」→「動作が遅くなった」ならば、「古いのが悪い」→「新しいのに買い替え」ということになりそうです。「もうパソコンは使わない」という結論に向かうなら別ですが。

　しかし、原因を細かく調べてみたら、新品に買い替えなければ問題は解決しないのかどうか、別の案を考える余地が出てくるはずです。もしかしたら、メモリやハードディスクの増設ですむかもしれないし、CPUを高性能のものに乗せ替えるということができるかもしれません。デフラグをかけてハードディスク内を整理することで解決するかもしれないし、ウィルス対策ソフトを導入してウィルスを駆除することで事態が改善するかもしれません。

　ある結果に対する原因を細かく検討する効用は、原因の究明によって次にとるべき対策を正しいもの、より良いものにすることにあります。このパソコンの例では、状況を改善するコストを減らせるということです。新品にすっかり買い替えるのと、必要な部品だけ取り替えたり、ソフトを導入したりすることと、どちらが安くつくか、検討の余地はあります。

　ここに示したような「古いパソコン」の例では、コスト的な問題はあまり大したことではないかもしれません。Ｉさんの好みで、新品に買い替えてしまってもいいでしょう。しかし、より大きな問題で莫大な費用も想定されるようなケースでは、結果に対する原因の考察は非常に重要です。間違った原因の究明によって間違った解決策にお金をかければ、問題が解決しないばかりか、無駄な費用負担によって損失を増加させてしまいます。

　たとえば、「去年まで売れていた商品が今年になって売れなくなったのはなぜか」というような問題があって、実際に調査したところ、その原因がいくつも見つかったとします。工程上の不具合で品質が悪化したのか、競合他社がもっと魅力ある新商品を出してきたのか、新しいCMのイメージが悪かったのか、顧客に飽きられたのではないか等々です。ここで原因と結果の関係が明確になれば、どの問題を解決するのにどれだけ時間とお金をかけるか、という問題に正しく対処できるわけです。工程上の問題なら工場を点検し、機械を新しいものに替えるとか、CMイメージの悪化が理由ならCMを差し替えるとかといった具合です（図4-4）。

図4-4 原因と対策

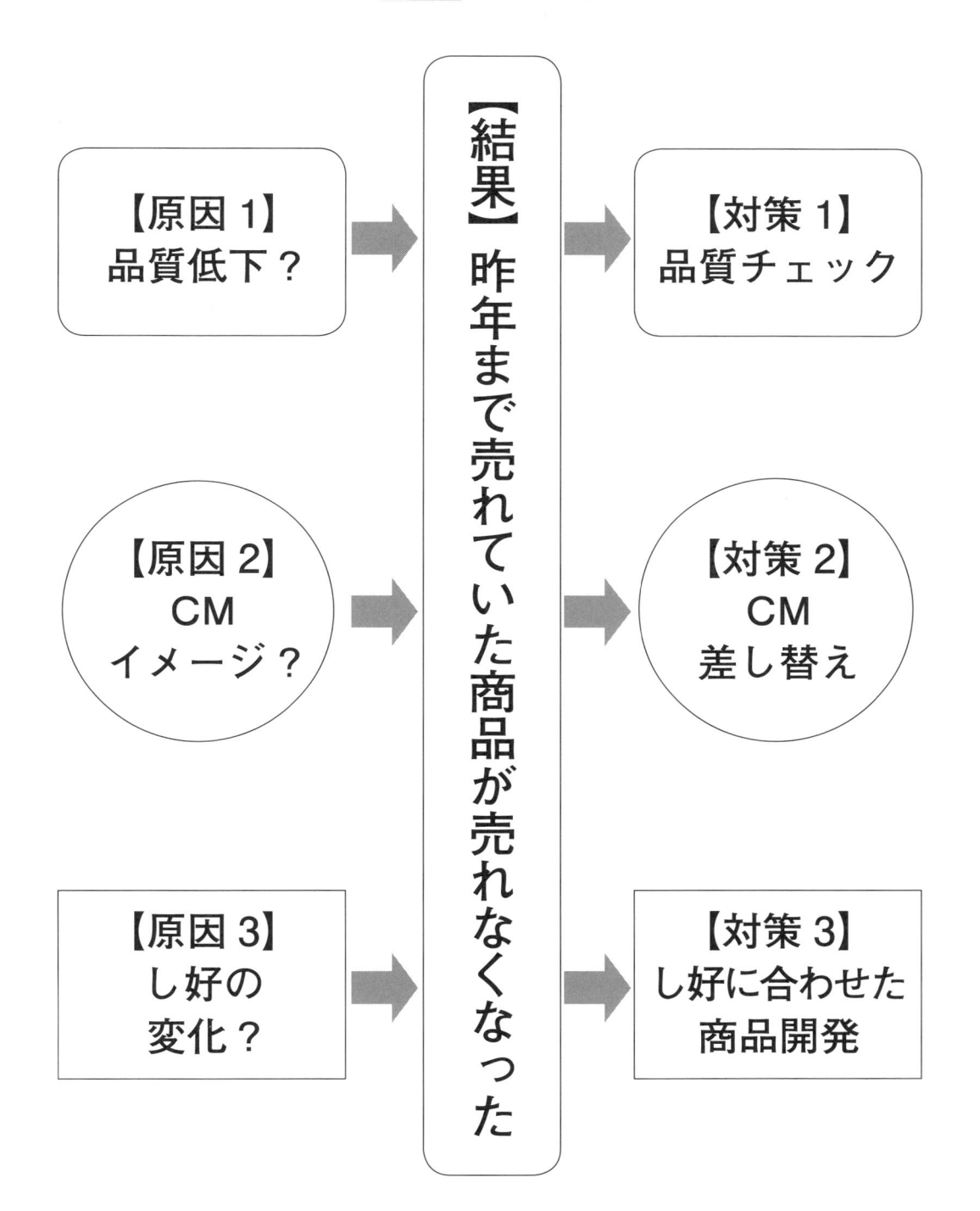

【原因1】品質低下？ → 【結果】昨年まで売れていた商品が売れなくなった → 【対策1】品質チェック

【原因2】CMイメージ？ → 【対策2】CM差し替え

【原因3】し好の変化？ → 【対策3】し好に合わせた商品開発

4.4 現状分析から未来を予測する

　ここまでに見てきた因果関係による推論は、結果として生じた問題状況が現にあって、これをどう解決・改善するかを巡って、原因をさかのぼって究明するという姿勢をとってきました。つまり現在から過去へと思考の方向をとっていたわけです。今度は、現在ある状況を原因として、将来においてどんな結果が起こるかという方向で考えてみましょう。つまり現在から未来に向けての論理的思考です。要するに「未来予測」の問題です。

　とはいえ人間は神様ではありませんから、未来のことなどわかりません。当然です。だからと言って、未来なんてどうなるかわからないのだから、考えるだけ無駄なことだ、という開き直った発想は生産的ではありません。人類は気象観測や経済計画や、時には占いや予言に頼りながら、未来を予測しながら歴史をつくってきました。確実な未来がわかっていたから前進してきたのではなく、不確実な未来への願望や確度の高い目標を設定し実現することで発展を遂げてきたのです。その際、重要な考え方は、蓋然性であり、リスクであり、確率論的な思考法です。未来は100％わかるわけではありませんが、「ありうる可能性」を何通りか見越しておくことはできます。過去を分析して学んだ事柄から確実性の高い仮説を設定し、なおかつ「それが外れる可能性」も考慮しつつ備えてきたのです。

　たとえば、日本には四季があり、春夏秋冬は確実に巡ってきます。冷夏、暖冬、空梅雨、長雨と年によって変動は多少あっても、季節の循環はほぼ確実です。だから農家はいつごろ田植えをし、種をまき、収穫すべきかを毎年計画できます。一方、台風や冷夏といった農産物に被害を与える厄介事も、「来ない」とは思っていません。「来たらどうするか」を考え、対策を練っています。

　もっと身近な例で言えば、朝の空模様とテレビの天気予報を見て、今日一日、傘を持っていくべきか否かを判断しますね。あるいは、折りたたみの傘を常時かばんに突っ込んでおけば、いつ雨が降っても対処できます。「備えあれば憂いなし」です。傘を持っていったとしても雨は降らないかもしれません。雨が降らなければ、持っていった傘は確かに邪魔になりますが、持っていかなくて雨に降られたときのことを想像すれば、ちょっとぐらいは我慢できます。リスクに備えるとは、安心のコストを負担するということであり、ありうる可能性はできるだけ考慮に入れておくということです（図4-5）。

図4-5 未来予測とリスク

雨は降るのか？

【判断材料】
天気予報、見た目、過去の経験、勘、等々

【行動】
傘を持っていく
（安心のコスト）

雨が降れば…
傘が役立つ

どちらかはわからない！

降らなかったら…
傘はお荷物

ワークシート4.1　　朝日デパート売り上げ減少の原因を探ろう

　蓮浦駅の駅前にある朝日デパートは最近客足が遠のいており、月によっては赤字になることもある。事業本部長の遠藤章悟は、朝日新太郎社長から来店客の減少の原因について報告せよと厳命を受けた。さっそく、部員の本丸真帆と山田一郎に調査させた。

　本丸真帆は、競合店について調べ、ミーティングの席上、次のことを報告した。

- 蓮浦市郊外と千代田市の一部で形成される学園都市に新店舗が相次いでオープンしている
- 都市型ハイセンスデパート『丸越』の品揃えは一流ブランドが多く、センスがよい。200台収容の駐車場がある
- 婦人服専門店『てらさき』は、話題の婦人服のディスカウントストア。KID'S（子供）用品も低価格で販売。アミューズメントゲーム施設も充実。駐車場は300台収容できる
- DIY『オカダ』は大型の郊外型ホームセンター。品揃えは5万点を超える。生活必需品のディスカウントストアも隣接して開設し、日常生活用品の買い物には十分である。500台収容の駐車場がある

　一方、山田一郎は市役所で人口に関する統計を調べたところ、次のことがわかった。

- 市街地は人口が減少傾向にあり、高齢化傾向にある
- 学園都市の人口が増加している
- 最近共稼ぎが増えている
- 昼間は女性も仕事をしており、専業主婦はあまりいない
- 週末は家族総出で車でまとめ買いをする
- 週末は外食が多いが、平日は家で食べる

▶▶ 1. これらの結果から、売り上げ減少の原因について考えましょう。

▶▶ 2. 売り上げの減少を抑えるための対策を考えましょう。

THINKING

第 5 章

図解思考法①
― 全体のメカニズムを鳥瞰する ―

keywords

構成要素

空間的配置

要素の相互関連

第5章のねらい

図解で理解することは、課題を構成する要素と、
その要素間の関係を視覚的に理解することです。
平面的な理解とは違い、問題の本質を明確化し、
全体を鳥瞰できるメリットがあります。
相手の会話を整理するときにも有効です。

5.1 図解理解

　頭の中での思考は、わかったつもりでいて整理されていなかったりするものです。頭の中で考えただけで、話してみるとうまく説明できなかったりすることを経験することは多いと思います。図解は、問題の全体を俯瞰することができ、どんな要素があり、それらの要素がどのような関係にあるのかが、整理されてより深い理解を得るために有効な手段です。モレやダブリの発見にも役に立ちます(第10章参照)。

　図解理解の基本のステップは、大きく「構成要素の理解」と「構造の理解」に分けられます(図5-1、5-2)。

　構成要素の理解では、第1に、その問題(課題)の要素を理解することです。その問題には、どのような要素が存在しているのか。いくつあるのか。このとき、本質的な要素を見つけ出すことが大切です。説明事例など間接(選択)的な要素と区別しておきましょう(step 1)。

　第2に、その構成要素の種類を見極めます。同じ種類のものは分類して整理しておくことです。図にするときは、図形を変えて表現するようにしましょう(step 2)。

　第3には、それら要素の重要度の順位をつけることです。全体の中での重要度、また分類の中での重要度を考えることです(step 3)。図形の大きさや線の太さで区別するようにしてください。

　要素の構造の理解では、それらがどのような関係になっているのかを空間的に配置します。主題は何かなど問題のメカニズムを大まかにとらえます(step 4)。

　最後に、構造の関係を考えます。それぞれが、どのような関係になるのか。ストーリーを考えながら関係線や、配置を考えることがポイントになります(step 5)。

　この章では、図解を使って文章を理解するための方法を学習しましょう。

図5-1 図解理解の基本＜要素を理解する＞

phase 1
- step 1: 構成要素の理解
- step 2: 構成要素の種類の理解：分別
- step 3: 構成要素の重要度の理解

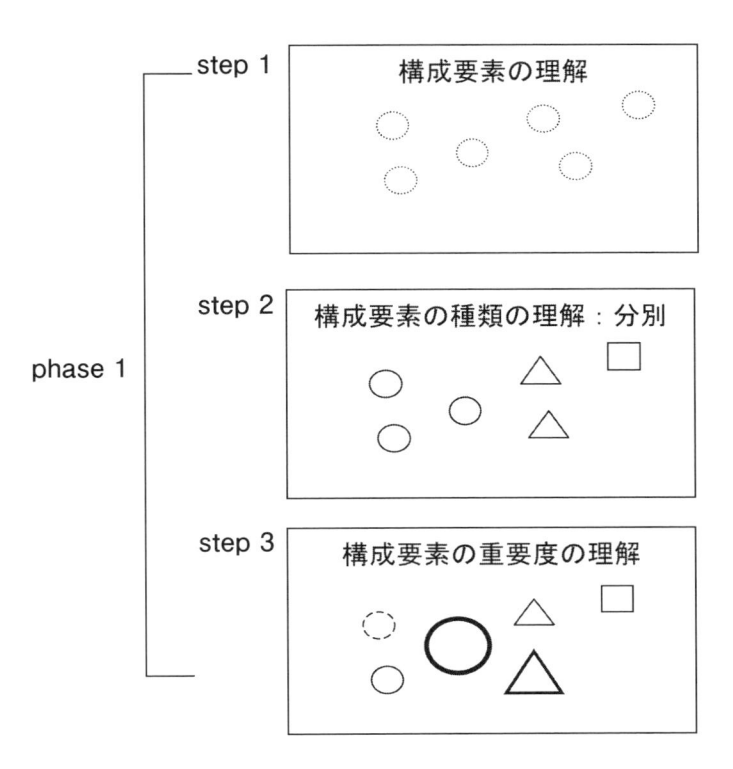

図5-2 図解理解の基本＜構造を理解する＞

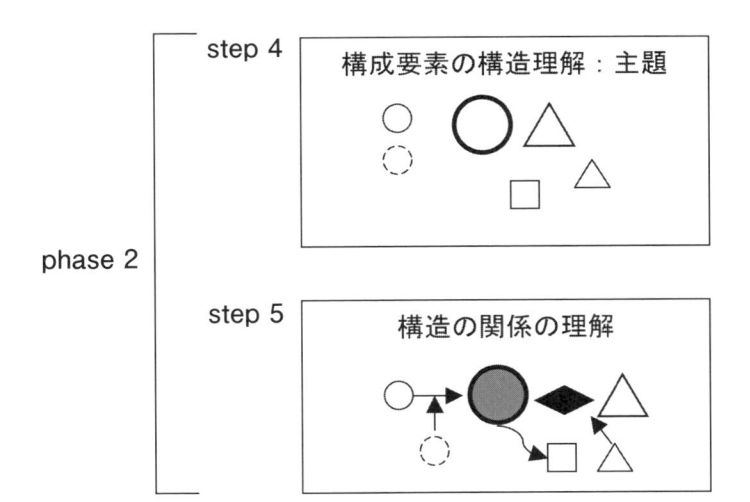

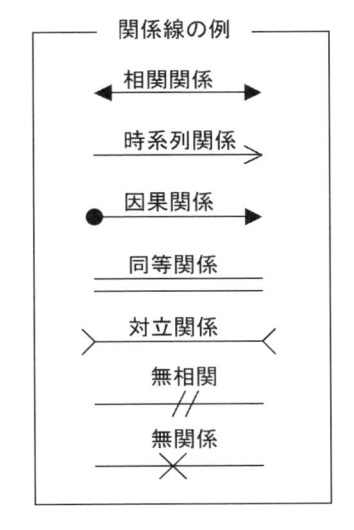

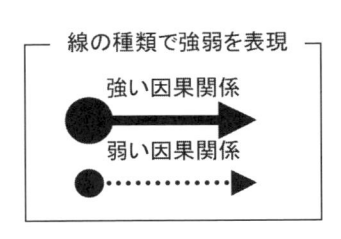

phase 2
- step 4: 構成要素の構造理解：主題
- step 5: 構造の関係の理解

――― 関係線の例 ―――
- 相関関係
- 時系列関係
- 因果関係
- 同等関係
- 対立関係
- 無相関
- 無関係

――― 線の種類で強弱を表現 ―――
- 強い因果関係
- 弱い因果関係

★関係線だけでなく、構造を立体的（位置関係）に表現することもポイント

事例 1

マズローの欲求の 5 段階説

図解理解の例として、有名な心理学者マズロー(A.H.Maslow)の事例をみてみよう

> マズローは、人間は 5 つの基本的欲求を持っているとしている。
> 第 1 に、「生理的欲求」で、飢えや乾きを満たそうとする。この欲求は他の欲求よりも強く作用する。その次に、「安全の欲求」がめばえ、秩序や安全性を求める。さらに、高次の欲求は、「所属と愛の欲求」である。これは、家族や組織、友人との愛情に満ちた関係に対する欲求である。第 4 番目の欲求は、名声や尊敬といった「承認の欲求」である。最後の 5 番目に、自分自身の可能性を求める「自己実現の欲求」と順次、階層的により高次の欲求を求める。

★この説は、多くの場合下の図のように表現される

図 5-3　マズローの欲求の 5 段階説

ピラミッド図（上から）：
- 自己実現の欲求
- 承認の欲求
- 所属と愛の欲求
- 安全の欲求
- 生理的欲求

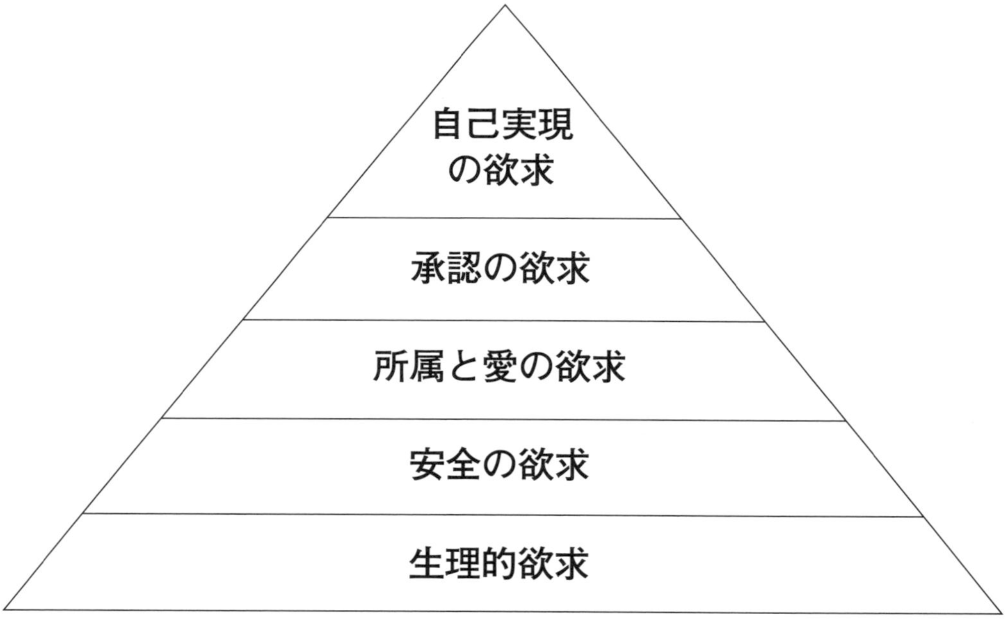

事例2

複雑な構造

　優良老舗企業の特性からうかがえることは、次のようなものである。
「経営理念」という精神風土（エートス）を基盤に、ステークホルダー（従業員や取引先などの関係者）との長期的関係による信頼の上に支えられている。そして、7つの生命力を構成する経営要素（組織力、堅実性、創業性、地域志向、変革性、継承性、顧客志向）をバランスよく運営し、独自の技術やサービスといったコア・コンピタンスをバネにしている。そうした基盤の上に、常に革新的に経営に取り組む経営姿勢が浮かび上がる。しかし、それは無理な背伸びをしない堅実さ、慎重さも忘れてはいないマネジメントである。これこそが、持続的競争優位形成のシステムの核心であるといえよう。

竹田茂生「企業生命力の考察」関西国際大学地域研究所 2004（一部改変）

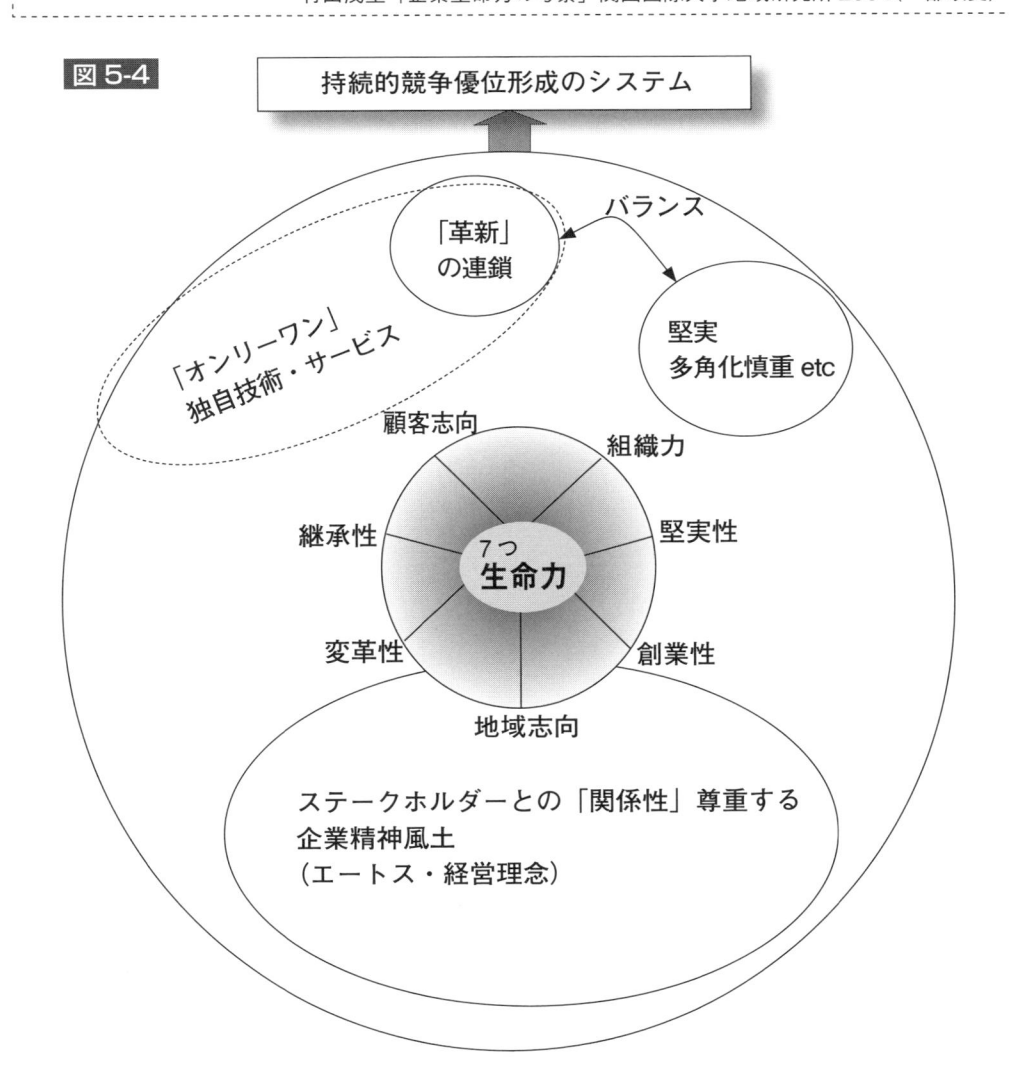

図5-4

持続的競争優位形成のシステム

- 「革新」の連鎖
- バランス
- 堅実 多角化慎重 etc
- 「オンリーワン」独自技術・サービス

7つ 生命力
- 顧客志向
- 組織力
- 堅実性
- 創業性
- 地域志向
- 変革性
- 継承性

ステークホルダーとの「関係性」尊重する企業精神風土
（エートス・経営理念）

5.2 文章理解のための図解理解

　文章の理解のためにも図解理解法が活躍します。学説や論文などの理解を深めることに役立ちます。また、レジメやプレゼンテーションなどに活用すると効果的です。

　具体的には、図5-5の手順で図解化していくことになります。

　まず、文章のキーワードやキーセンテンスに、アンダーラインかマーカーをつけていきます。ワープロなどの場合は、改行しておくとより便利です（図5-6中段）。

　次に、不要な箇所を削除していきます。鉛筆で消去線を引いたり、カッコでくくるなどの工夫をしておくとよいでしょう。

　さらに、小見出しをつけて整理します。ここまでで、要素の抜き出しと、分類ができています。

　4番目のステップとして、語尾を修正したり、簡略化したりして、図の中に収まりがよいような配慮をしておきます。

　5番目と6番目のステップで、構成要素の構造的な理解を図示していきます。主題は何か、優先順位はどうか。そして、最後に構造の関係を関係線などで工夫して、ストーリーを作り上げていきます。

　図解理解は、自分自身の思考の整理や文書の理解だけでなく、相手の会話を理解する上でも効果を発揮します。

　相手の話を聞きながら、メモを（あるいは頭の中で）図解して、「あなたの話は、○○ですね」とまず整理して、「しかし、この点が欠けていませんか」あるいは、「このような見方もできませんか」と問い返してみることはとても効果的です。相手は、自分の話をよく理解してくれていると、好意的になるでしょう。

　また、より円滑なコミュニケーションをはかることにつながります。

　大切なことは、たくさん図解を描いてみることです。最初は、何度も試行錯誤を繰り返し、慣れることです。

図 5-5 文章理解の手順

- **step 1** ▼ **線引き（キーワードマーキング）**

  大事なところに下線

  ＊分かち書き：ワープロの場合は、改行で「分かち書き」すると効果的

- **step 2** ▼ **削除**

  不要な部分を削除する

- **step 3** ▼ **見出し**

  段落ごとに「小見出し」をつける

- **step 4** ▼ **修正・加筆**

  語尾の修正、簡略化

- **step 5** ▼ **要素分類や配置デザインをビジュアルに表現**

  優先順位、大きさの序列、要素の分類

- **step 6** ▼ **関係線：マルや矢印**

  要素の構造を囲んだり、矢印などで表現する

知的生産の技術研究会「図解でできる企画とプレゼンの方法」日本実業出版社 1991（一部改変）

図5-6 文書理解の例題

```
「顧客生涯価値」(Life Time Value: LTV)とは、一人ひとりの顧客に、"より多くの購入機会"を与え、"より長い購入機会"を提供するという深さの経済を追求するものである。長さには、結婚、第一子誕生・入学など個人のライフステージ上のイベント需要がある。
　一方、値段は高いが品質のよいものを提供するアップ・セリングや関連商品を提供するクロス・セリング。また、修理などのアフター・マーケットなどに展開していくことによって、より多くの購入機会が提供できる。
　これらを実現するためには、顧客と深く関わり、対話を通して顧客をよく知り、顧客の立場に立った関係づくりが必要である。
```

⬇

```
「顧客生涯価値」(Life Time Value: LTV)とは、一人ひとりの顧客に、"より多くの購入機会"を与え、"より長い購入機会"を提供するという深さの経済を追求するものである。長さには、結婚、第一子誕生・入学など個人のライフステージ上のイベント需要がある。
　一方、値段は高いが品質のよいものを提供するアップ・セリングや関連商品を提供するクロス・セリング。また、修理などのアフター・マーケットなどに展開していくことによって、より多くの購入機会が提供できる。
　これらを実現するためには、顧客と深く関わり、対話を通して顧客をよく知り、顧客の立場に立った関係づくりが必要である。
```

⬇

```
「顧客生涯価値」(Life Time Value: LTV)

＜深さの経済＞
一人ひとりの顧客に、
"より多くの購入機会"を与え、
"より長い購入機会"を提供

＜長さの購入機会＞
結婚、第一子誕生・入学 など個人のライフステージ上のイベント需要

＜より多くの購入機会＞
値段は高いが品質のよいものを提供するアップ・セリング
関連商品を提供するクロス・セリング
修理などのアフター・マーケットなどに展開

＜実現するために＞
顧客と深く関わり、対話を通して顧客をよく知り、顧客の立場に立った関係づくり
```

図 5-7 文書理解の図解

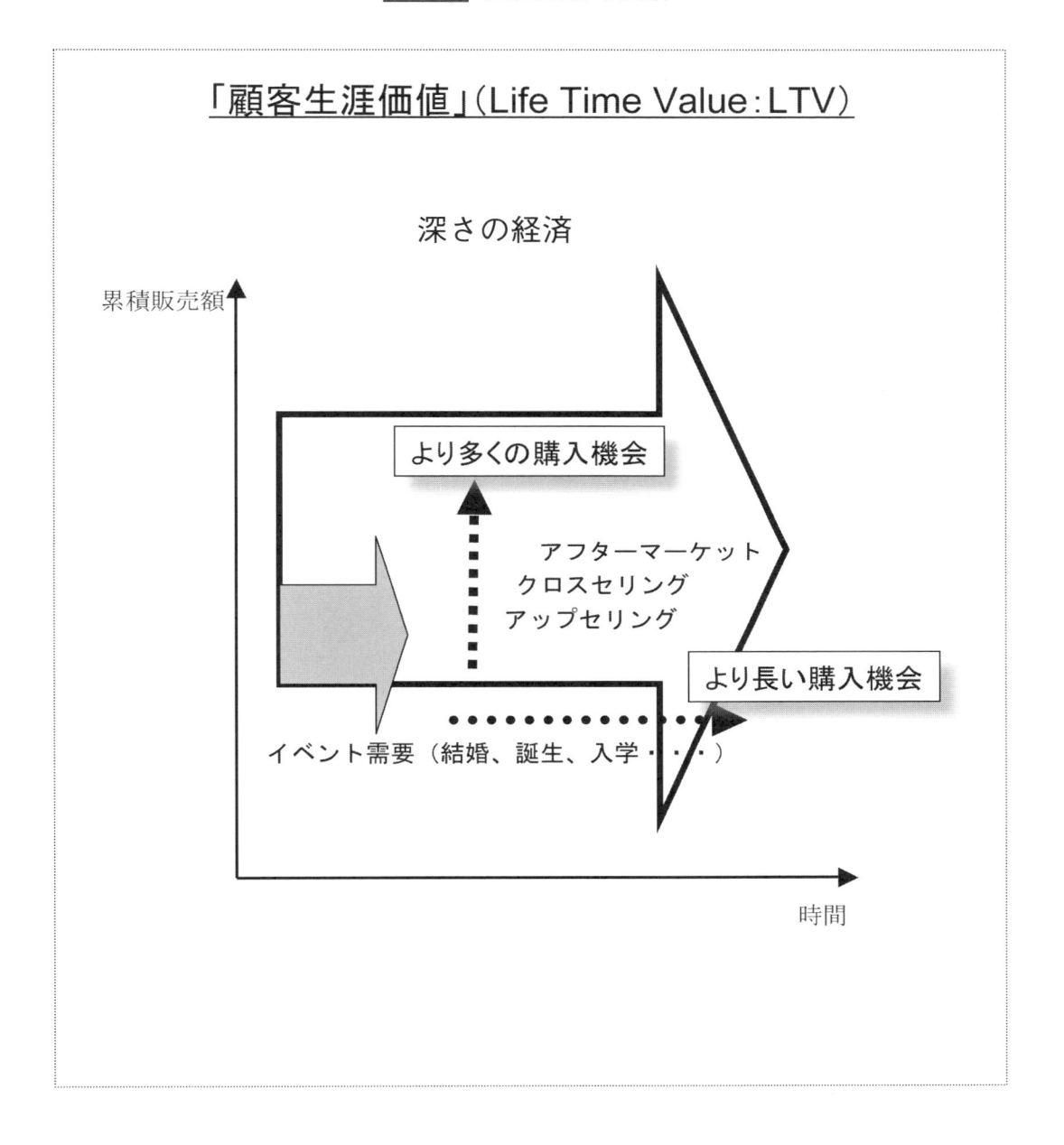

「顧客生涯価値」(Life Time Value：LTV)

深さの経済

累積販売額

より多くの購入機会

アフターマーケット
クロスセリング
アップセリング

より長い購入機会

イベント需要（結婚、誕生、入学・・・）

時間

ワークシート 5.1　　　　　　　　文章を図解してみよう

マーケティングとは

＊市場に対する創造的適応活動

　マーケティング活動は、市場分析と市場創造活動(戦略)に大別できます。その内容は、次のような要素から構成されています。
　市場分析は、マーケティング・リサーチという調査の技法を使うことによって、顧客が何を望んでいるかを明らかにする活動です。戦略を立てる際の基礎データを提供します。
　市場創造活動(戦略)は、顕在需要を満たし、潜在需要を掘り起こして充足させる活動です。
　これは、マッカシーの4Pが有名ですが、次のような活動が含まれます。

① 製品計画(Product)　対象とする消費者を決め、その欲求に合う製品を開発し、市場化する活動です。
② 価格設定(Price)　消費者にとってどれくらいの価値があり、どのくらいの水準なら、買ってもらえるかを考えて値段を決める活動です。
③ チャネル構築(Place)　対象消費者の購入を容易にするためにどのような流通経路(卸、小売)をとったり、新たに開発したらよいかを決める活動です。
④ プロモーション活動(Promotion)　広告やパブリシティ、人的販売、およびセールス・プロモーション活動を通じ、消費者の需要を喚起する活動です。

　　　　　　　　　野口智雄「ビジュアル マーケティングの基本」日本経済新聞社 1994（一部改変）

▶▶ 文章を図解してみましょう。

ワークシート 5.2　蓮浦市の都市計画をわかりやすく解説しよう

蓮浦市役所企画課課長補佐の志村通は「蓮浦市都市計画マスタープラン」として以下のコンセプトとプランを行財政改革委員会に提出することにしている。

コンセプト：「自然と人が共生する生き生きとしたまちづくり」

① 湖岸の公園づくりで、人と自然が共生するやさしいまちを創造する
② まちかど学校の創設で、人と人が交流し学び合うまちを創造する
③ コミュニティ道路のネットワークで、人と人、人と自然の交流があるまちを創造する

▶▶ マスタープランの全体像がわかるように図解に表してみましょう。

THINKING

第 6 章

図解思考法 ②
―身の回りの現象を図解してみよう―

keywords
系統図
連関図
フローチャート
ポジショニング

第 6 章のねらい

身の回りの現象を図解に表すのは
問題把握の第一歩です。
本章では、いくつかの図解の方法を取り上げ、
状況を把握する手法を学習します。

6.1 状況を図解する

　第5章では、文章の内容を理解するために、複数の重要なポイント（キーワード）を抽出し、それらの関連性を図解する方法を学習しました。
　図解は文章だけに限りません。みなさんの身の回りの状況、動作、特徴など、複数のポイントを把握し、それらの関連性を理解することが問題把握の第一歩になります。
　まず、一例として、ある家庭の一家団らんの場面を図解してみましょう。

事例1：ある家庭の団らんの場面

　夕食も終わってくつろいでいるお父さんと長男の一郎君がテレビでプロ野球の巨人－阪神戦を見ています。お父さんは昔から巨人ファンですが、実を言うと、あまり野球に詳しいわけではありません。ただ、子どもの頃からなんとなく巨人戦を見て過ごしてきて、何でもいいから巨人が勝てば嬉しい、ビールがうまい、というタイプです。そのため、他のチームのことはよく知りません。
　長男の一郎君は自分でも野球をやっており、野球観戦は大好きです。小さい頃はお父さんの影響で巨人ファンでしたが、最近は友達の影響で阪神ファンになりました。そのため、巨人－阪神戦を見るときには、お父さんとライバル関係になります。一郎君は自分でも野球をやるので、お父さんよりは詳しいです。また、ひいきチーム以外の選手のこともよく知っています。ただ、とにかく野球が好きですから、お父さんと一緒に野球中継に夢中になっています。
　次男の二郎君は、サッカーのほうが好きで、野球にはあまり興味がありません。今日はサッカーの中継はないので、できればテレビでサッカーゲームをしたいと思っています。
　お母さんは、野球には興味がありません。お母さんは、野球放送の後の時間帯に別チャンネルのドラマを見たいのですが、野球中継が延長しないかどうか、はらはらしています。"野球放送の延長なんてしなきゃいいのに"と思っています。
　長女の綾子ちゃんは、野球にもドラマにも関心がありません。ただ、弟思いなので、"2人の弟が仲良くしてくれればいいな"と思うばかりです。

図6-1 系統図

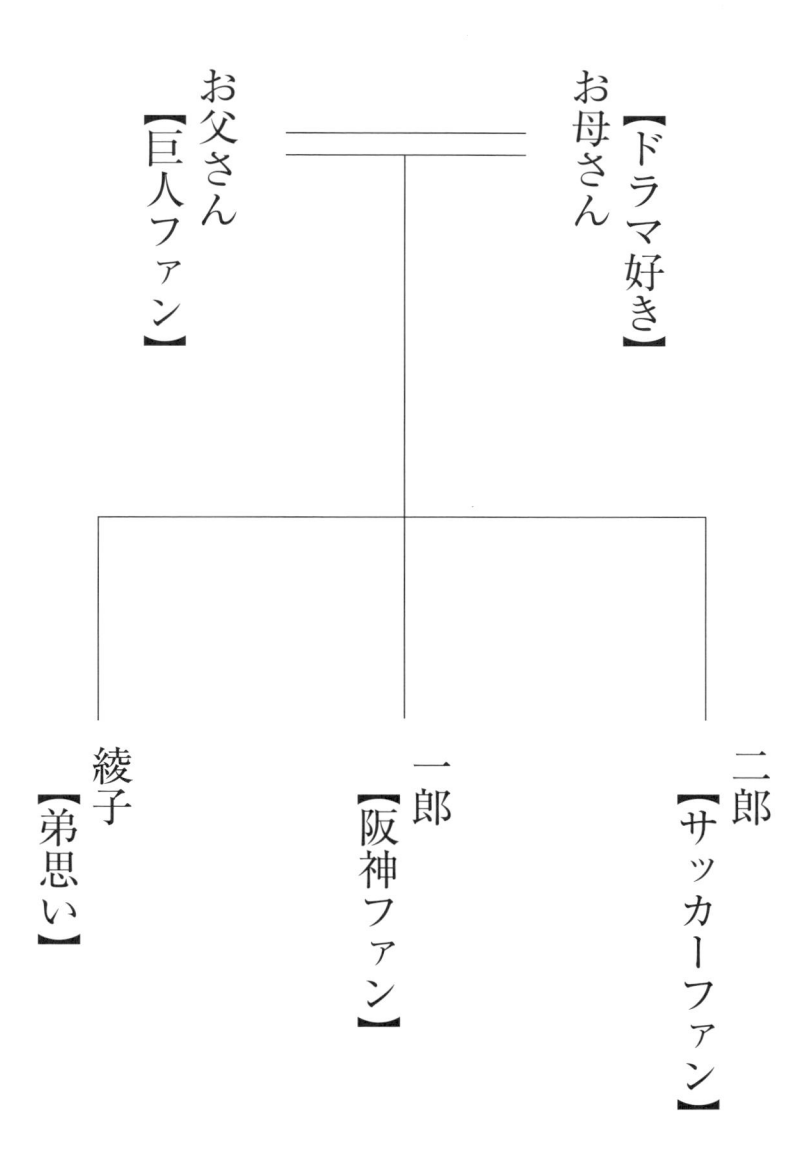

```
お父さん ════════ お母さん
【巨人ファン】      【ドラマ好き】
    │
    ├──────────┬──────────┐
  綾子        一郎       二郎
【弟思い】   【阪神ファン】 【サッカーファン】
```

6.2 よい図解と悪い図解

　図6-1(前頁)は系統図です。この図は家族構成を把握するのに便利です。5人家族で、お父さんは巨人ファン、お母さんはドラマ好き。子供たちは一番上が弟思いの綾子さん。長男一郎君は阪神ファン、次男の二郎君はサッカーファンという構図が一目瞭然です。

　しかし、果たしてこの図から何か問題点が見えてくるでしょうか。この例では、テレビのチャンネル争いが問題になっています。しかし、その点が明確ではありません。チャンネル争いの状況を図解するには、どのように表現すればよいでしょう。

　ここでは連関図を使って、家族一人ひとりのし好とそれぞれの関係を図解してみましょう。図6-2はその一例です。

　この図によると、一郎君とお父さんチーム、お母さん、二郎君の3人(グループ)で争われています。ここで、綾子さんはドラマも野球中継も興味がなく、テレビに関するそれ以外の情報はありませんので図解から省略しています。また、一郎君とお父さんは阪神ファン対巨人ファンで対立していますが、今日のテレビの野球中継に関しては同志です。しかも二人はお互いに補完し合っています。もし、お父さんがいなければ、一郎君はテレビゲームをやりたい二郎君とけんかになっているかもしれません。また、お父さんの方にしてみれば、野球に詳しい一郎君と一緒に観戦できるので、一郎君に解説してもらえるメリットがあります。

　このように図解すると、
① 野球中継が延長なしに終わってお母さんがドラマを見られるかという問題。
② 野球中継のために二郎君がテレビゲームをできないという問題。
③ 野球中継が終わった後、ドラマを見たいお母さんとテレビゲームをしたい二郎君が対立する問題。

といった問題点が明らかになります。

図 6-2　テレビ問題に関する連関図

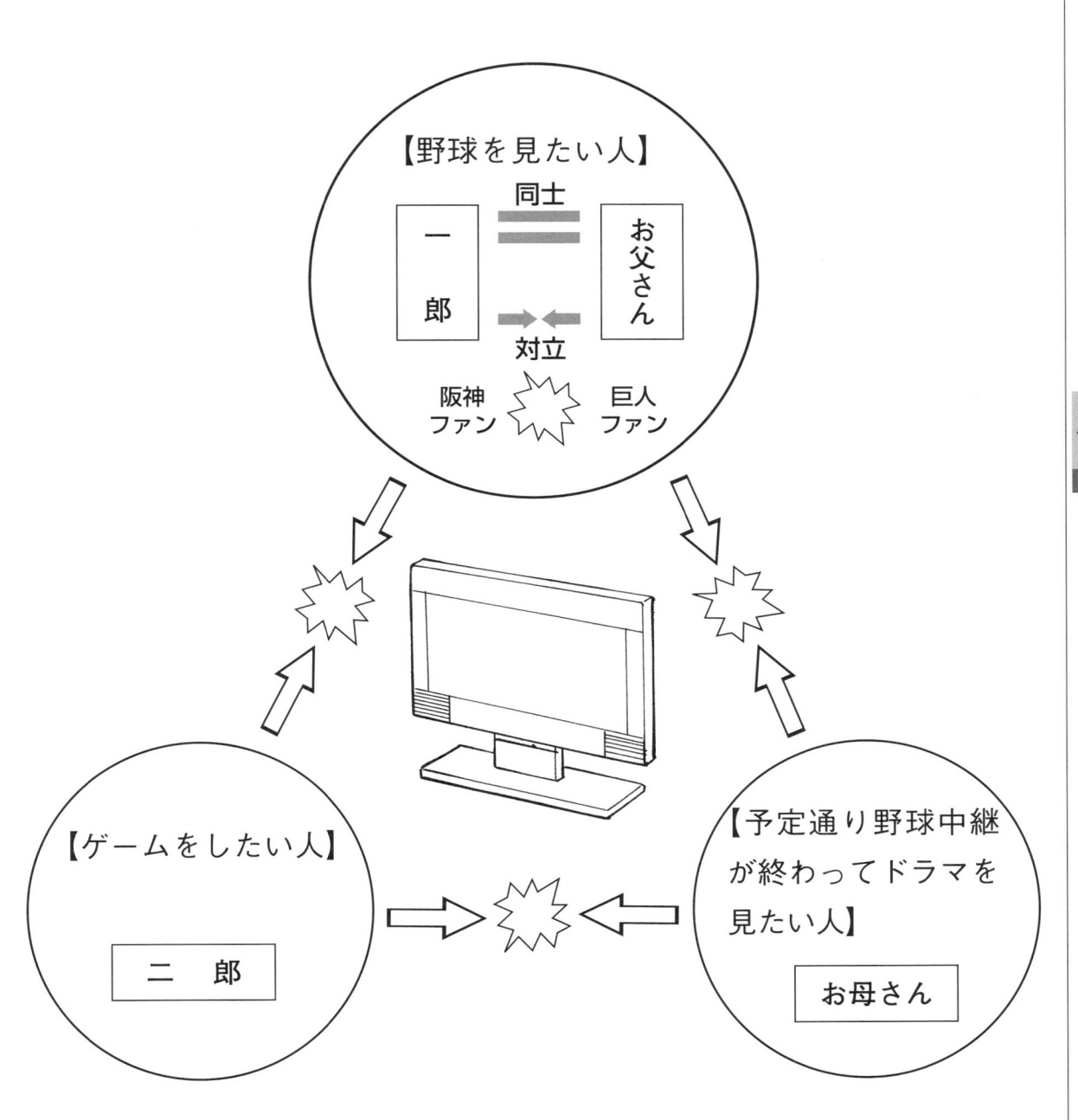

【野球を見たい人】
一郎　―同士―　お父さん
　　　―対立―
阪神ファン　　巨人ファン

【ゲームをしたい人】
二郎

【予定通り野球中継が終わってドラマを見たい人】
お母さん

6.3 流れを図解する

　日常の仕事やレポートの作成などの作業を、効率よく行うためには、作業手順を図解にしておくと便利です。その際に用いられるのがフローチャートです。フローチャートは1つ1つの動作（作業）を構成要素として丸や四角で囲み、それらを順に矢印で結んでいきます。
　たとえば、前章の図5-5は、文章を図解にするための作業をフローチャートに表したものです。この図は要素（作業）がすべて一本の矢印で結ばれており、最も単純なフローチャートになっています。
　もう少し複雑なフローチャートとして、作業が途中で枝分かれしたり、別々に進めていた作業を途中で合体させたり、場合によっては同じ作業を繰り返したりというように、複雑な手順を踏む作業もあります。
　ここでは、例として清酒づくりの工程を示しておきます。

事例2：清酒の工程

　まず、原料となる玄米を精米し、蒸します。この蒸米は、麹造りや酒母、もろみの仕込みに使われます。
　蒸米に黄麹菌を植えて作られるのが麹です。麹は米のでんぷんを糖化する役割を果たします。
　蒸米、水、麹に酵母を加えたものを酒母といいます。酒母はもろみの発酵を促す酵母を培養します。
　この酒母に麹、蒸米、水を加えてもろみを仕込み、20日ほどかけてもろみを発酵させます。お酒によっては、醸造アルコールはこの段階で加えられます。
　発酵したもろみは、圧搾機で搾られ、原酒と酒かすに分けられます。

図 6-3　フローチャート

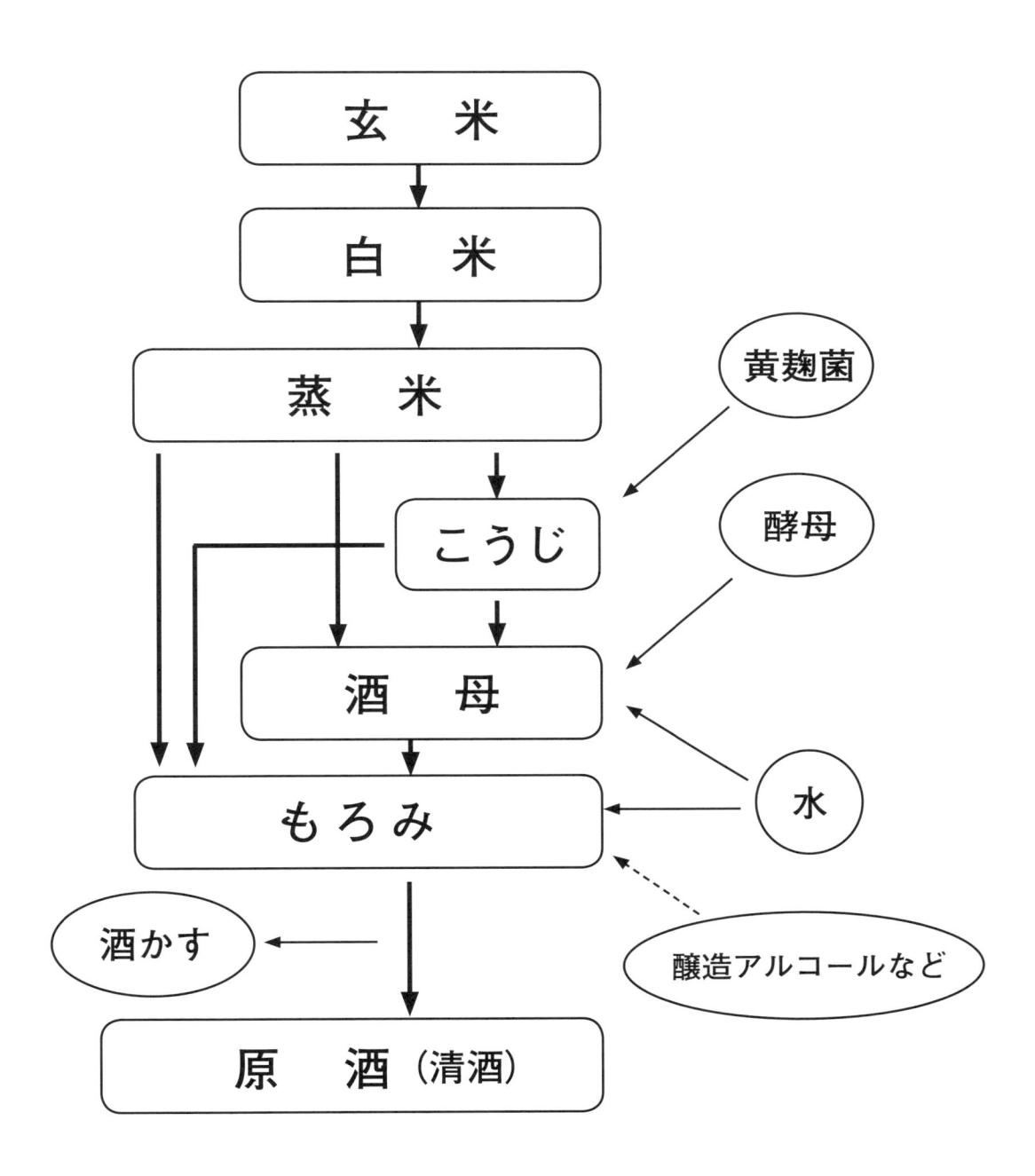

```
玄米
 ↓
白米
 ↓
蒸米 ──→ こうじ ←── 黄麹菌
 │  │     ↓
 │  └──→ 酒母 ←── 酵母
 │        ↓
 └─────→ もろみ ←── 水
          ↓    ←┄┄ 醸造アルコールなど
酒かす ←──┤
          ↓
        原酒（清酒）
```

日本盛株式会社「日本盛物語—ニホンサカリはよいお酒」文芸社 2001（一部改変）

6.4　その他の図解

　ここでは、代表的な図解を2つ紹介しておきます。

　図6-4はある会社の組織図で、系統図の一種です。会社にどのような部門があって、どのような指揮命令系統になっているのかを表しています。

　図6-5はポジショニング・マップとよばれるものです。2つの基軸で、分析の対象を空間的に配置することによって、それらの対象の関係や位置づけが明らかになります。このマッピングは、複雑に思えたものが、視覚的効果により、理解がより容易になります。

　たとえば、消費者にビールの好みの味についてのアンケートをしたところ、以下のような集計結果となりました。

	コクがある	キレがある
Aビール	20%	30%
Bビール	50%	20%
Cビール	10%	18%
Dビール	50%	55%
・・・	・・・	・・・

　これらのデータを眺めていても、なかなか理解できません。そこで図6-5のようにマッピングしてみると、その関係がよくわかります。Aビール、Cビール、Gビールは「コク」も「キレ」もないマイルドなタイプです。Dビール、Eビール、Fビールは、「コク」も「キレ」もあるハードなタイプにグルーピングされることがよくわかります。また、この分析の方法は、さらにターゲットの平均値などをマップに加えてみると、より効果的で利用度が高まります。女性は、マイルドなタイプが好みのようですね。A、C、Gのビールは、20歳代女性市場で競合しています。20歳代男性は「コク」は求めますが、「キレ」には関心がないようです。

図6-4 組織図の一例

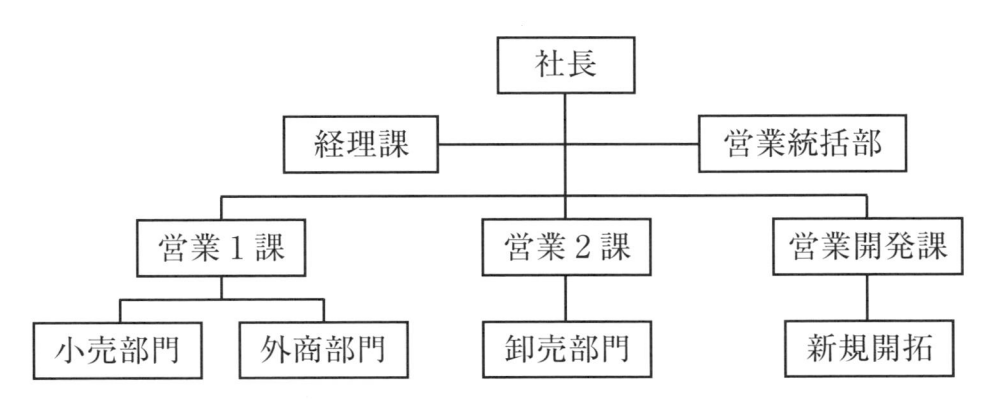

```
                    社長
          ┌──────────┼──────────┐
        経理課                 営業統括部
          ┌──────────┼──────────┐
        営業1課       営業2課      営業開発課
       ┌───┴───┐       │           │
    小売部門  外商部門  卸売部門     新規開拓
```

図6-5 ポジショニング・マップ

コクがある

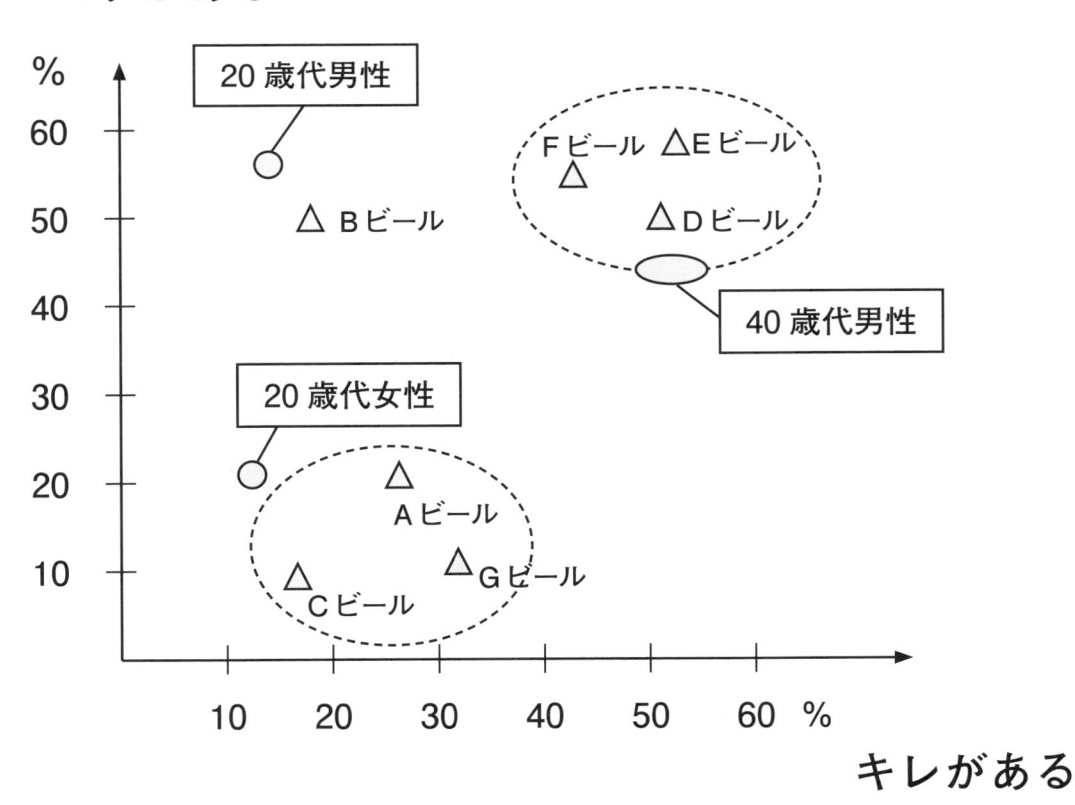

%
60 — 20歳代男性
          ○
50 —   △ Bビール   Fビール △Eビール
                          △   △Dビール
40 —
                                   40歳代男性
30 — 20歳代女性
          ○
20 —   △
           Aビール
10 —   △   △Gビール
       Cビール
     ├──┼──┼──┼──┼──┼──→
     10 20 30 40 50 60 %
                              キレがある

ワークシート 6.1　　クリームシチューの作り方フローチャート

> 橋田澄子は家族とともに学園都市の新興住宅地に引っ越してきた。夫婦共働きなので、簡単に作れるレシピを集めている。中でもクリームシチューは家族の一番人気である。

(1) じゃがいも、にんじん、たまねぎを一口大に切る。じゃがいもは冷水にさらす
(2) 鶏もも肉を一口大に切り、塩、こしょうで下味を付ける
(3) 厚手の鍋にサラダ油を入れて熱し、鶏肉、じゃがいも、にんじん、たまねぎをいためる
(4) 鍋に水を加えて煮る。沸騰したら中火〜弱火にして、アクを取り除きながら、材料が柔らかくなるまで煮込む
(5) 市販のルーを割り入れて溶かし、とろみがつくまでさらに煮込む
(6) 最後に牛乳を加えてひと煮立ちさせる

▶▶ クリームシチューの作り方を図解しなさい。

ワークシート 6.2　朝日デパートのめざす方向は

　朝日デパートの事業本部長の遠藤章悟は、市場環境はバイパスができることによって大きく変化するだろうと考えていた。「このまま放置しておくと大変なことになり、取り返しがつかない。」以前のように売り上げを伸ばし、適正な利益を上げていくには、「朝日デパート再生計画案」を早急に立案し、取締役会に答申しなければならないことを、部員たちに告げた。

　そこで、まず、市場調査を日本リサーチ社に依頼した。日本リサーチ社は、商圏範囲にあるデパートの利用実態調査の結果を遠藤章悟に報告した。

デパート名	利用実態		特徴
	現在よく利用する(%)	今後、利用したい(%)	
朝日デパート	30	20	地方型デパート
丸越デパート	60	70	都市型デパート
白城屋デパート	20	60	外資系デパート
フルール	60	60	外資系デパート
大島屋デパート	50	50	都市型デパート
蓮浦デパート	20	30	外資系デパート
イトーデパート	70	20	地方型デパート
浦南デパート	10	30	地方型デパート
北武百貨店	60	60	都市型デパート
ブルーベルグ	30	80	外資系デパート
関東マート	60	5	地方型デパート
マリリンチ	50	60	外資系デパート
オークマ	20	30	地方型デパート
霞デパート	50	10	地方型デパート

▶▶ 1. 2つの利用実態項目をマッピングしてグルーピングし、その特徴を考えてみましょう。

▶▶ 2. 朝日デパートのポジショニングを考えてみましょう。今後どのような方向に進むべきでしょうか。

第7章

発散型思考法
— アイデアを拡散する —

keywords
発散型思考
ブレーンストーミング法
635法
ブレーンライティング法

第7章のねらい

発散型思考法は、アイデアを拡散的に出していく技法です。ここでは、ブレーンストーミング法、635法およびブレーンライティング法について学びます。

7.1 発散型思考

　たとえば、町内会の夏祭りなどで模擬店は何にしようかと考えるとき、わたしたちは、「去年はたこやき屋でうまくいったから、今年もたこやき屋をやろう」とか、「うどんは、麺とスープの仕入れさえ準備できたら作るのは簡単だ」などのように、思いつきと評価を同時に行うため、よく考えないで短絡的に決定したり、逆にメンバーとの意見の食い違いを埋めることができず、堂々巡りに陥ったりするものです。

　このような場面で活用したいのが、ブレーンストーミング法をはじめとする発散型思考法です。発散型思考とは、テーマに対して、いろいろなアイデアを拡散的に出していく思考です。

　発散型思考法には様々な手法がありますが、いずれの手法も実施する上での共通ルールや注意点があります。まず、アイデアを出しやすいように、テーマはできるだけ明確にし、かつ疑問形にします。そして、アイデアはとにかく大量に出します。質よりも量です。広い範囲からどんなに奇抜なアイデアでも構いませんので、自由奔放に出します。

　アイデアを出している間は、「それはおかしい」とか「面白い」などといった批判や評価をしてはいけません。アイデアを出し尽くすことに集中します。また、グループで行うときは、他人のアイデアに乗じるように次々とアイデアを展開していくことも大切です。

　さらに、発想にあたっての注意点を 2 点あげておきましょう。まず 1 点目は、「問題意識をしっかりと持つ」ということです。問題意識を持たないで出されたアイデアは発展がなく、見劣りすることが多いようです。

　2 点目は、アイデアは「できるだけ具体的なものにする」ということです。たとえば、模擬店の例でいうと、"何か温かいもの"というアイデアでは困ります。ホットコーヒーなのかスープなのか具体的なアイデアでなければいけません。

　これらの点に注意すれば、あとはそれぞれの手法の具体的な手順をマスターしていけばよいのです。発散型思考法は、次章の収束型思考法の基礎にもなりますから、しっかりマスターしましょう。

図 7-1 代表的な発散型思考法

- ブレーンストーミング法
- 635 法
  └ ブレーンライティング法

図 7-2 発散型思考法の共通ルール・注意点

1. テーマは明確に、疑問形で
2. 発想は質より量
3. 広い範囲から自由奔放に
4. 発想、発表中の批判・評価は厳禁
5. 他人のアイデアに便乗
   「〜ならば…も考えられる」
6. 問題意識をしっかりと持つ
7. アイデアは具体的に

7.2　ブレーンストーミング法

　ブレーンストーミングは、ひらめきという意味です。あるテーマに対してアイデアをどんどん出していく手法を一般にブレーンストーミング法（ＢＳ法）といいます。

　この手法は1人でもできますが、3、4名のグループで行うのが効果的です。あまり人数が多いと、遠慮して意見を出さない人がいたり、ひとりだけ主張する人などがいますので、いろいろな人の意見が聞けるように配慮しましょう。

　テーマについても注意が必要です。前節でも述べましたが、テーマは明確にしておきましょう。たとえば、「町内会の夏祭りで何のお店を出すか」という問題について考えてみましょう。この問題も「お客さんが集まる模擬店とは？」などのようにポイントをはっきりさせておくことが大切です。

　では、具体的な手順を説明しましょう。

　まず、A3用紙のような大きな紙を数枚とマジックを用意します。また、グループであればリーダーを決めておきましょう。

　準備が整ったら、自由にアイデアを出していきます。リーダーは、アイデアを的確に要約し、すべてを紙に記録していきます。また、メンバーがいろいろな切り口から発想できるように、あるいは、的はずれな意見が出ないようにリードします。

　メンバーは他人の意見をヒントにして、新たな意見を出しても構いません。どんどんアイデアを展開しましょう。ただし、このときは、個々のアイデアを批判したり評価してはいけません。

　発想する時間は1時間が限度でしょう。それ以上、行うときは休憩が必要です。

　アイデアが出尽くしたら、評価を行います。実現可能性などを考慮して、アイデアを統合したり破棄して整理していきます。その後、話し合いや多数決などで採択するアイデアを決定します。

図7-3 ブレーンストーミング法の手順

```
┌─────────────────────────────────┐
│     紙とマジックを用意する      │
└─────────────────────────────────┘

Step1 アイデア出し
┌─────────────────────────────────┐
│     自由にアイデアを出し、      │
│       紙に記録していく          │
└─────────────────────────────────┘
              ↓
Step2 アイデアの整理
┌─────────────────────────────────┐
│ アイデアが出尽くしたら、実現可能性 │
│    などを考慮してアイデアを      │
│       破棄したり、結合する       │
└─────────────────────────────────┘
              ↓
Step3 アイデアの採用
┌─────────────────────────────────┐
│   多数決や話し合いで決定する    │
└─────────────────────────────────┘
```

7.3 カード型ブレーンストーミング法

　カード型ブレーンストーミング法（カード型BS法）は、カードを用いてブレーンストーミングをする方法です。カードは貼り直しができる大きめの付箋紙が便利です。通常のブレーンストーミング法をグループで行う場合、他のメンバーに圧倒されたり、人前で発表するのが苦手だったりして、発言をしないメンバーが出てくることがあります。カード型BS法は、そのような状況を打開するのに有効です。また、大量のアイデアを後で整理するのにも便利です。

　カード型BS法の手順は、以下のとおりです。

　準備として、カードの束とマジックを用意して、メンバー全員がテーブルを囲みます。

　まず、発想タイムです。時間を決めて（通常5分）、各自、アイデアをカードに書いていきます。このとき注意したいのは、1枚のカードには1つのアイデアのみを記入するということです。また、発想タイムではメンバー同士で相談をしてはいけません。静かに一人ひとりがアイデアを発想することに集中します。

　5分経過したら、今度は発表タイムです。まず1人目がアイデアを読み上げ、そのカードをテーブルの中央に出します。他のメンバーは質問をしたり、それを参考にアイデアを追加します。ただし、この段階では、批判や評価をしてはいけません。もし、自分が考えたものと全く同じアイデアを他のメンバーが先に出したら、重複を避けるためにそのカードは破棄します。

　このようにして、順番にカードを読み上げてはテーブルの中央に出していきます。手持ちのカードがなくなり、パスする人が複数出てきたら、再び発想タイムです。出てきたアイデアを参考にして新しいアイデアを発想します。

　以上のように、発想タイムと発表タイムを数回繰り返します。終了するときは、アイデアを持っている人にはすべて発表してもらいます。

　このあと、出されたアイデアを批評し、統合したり、破棄して整理していきます。最後は話し合いや多数決などで採択するアイデアを決定します。

図7-4 カード型ブレーンストーミング法の手順

メンバー分のカード（1人50枚〜100枚の大きめの付箋紙）の束とマジックを用意する

Step1 アイデア出し

1枚のカードに1つのアイデアを、どんどん書いていく。相談厳禁

発想タイム
（5分間）

順番にアイデアを読み上げ、カードをテーブルの中央に出す。他のメンバーは同じアイデアを持っていたら廃棄する

発表タイム
パスする人が2人以上出るまで

アイデアが出尽くすまで繰り返す

Step2 アイデアの整理

実現可能性などを考慮してアイデアを破棄したり、結合する

Step3 アイデアの採用

多数決や話し合いで決定する

7.4 635法(ブレーンライティング法)

　635法は、「6人のメンバーがテーブルを囲み」、「3つのアイデアを」、「5分以内にシートに記入する」というルールで進められます。
　ここでは、カードを用いる方法を紹介しましょう。具体的な手順は次のとおりです。
　メンバーがテーブルを囲みます。必ずしも6人という人数にこだわる必要はありませんが、ここでは6人を想定します。専用シート(図7-4)を6枚用意して、メンバーに1枚ずつ配布します。また、カード(貼り直しができる付箋紙)を1束ずつメンバーに配布します。シートに直接アイデアを記入してもよいのですが、カードを使うと後で整理するときに便利です。
　まずは発想タイムです。各メンバーは5分間じっくり考えて3つのアイデアをそれぞれ1枚ずつカードに記入し、シートに貼付します。5分経過したら、それぞれ隣の人にシートを渡します。左隣でも右隣でも構いませんが、一方通行にします。
　今度は、渡されたシートのアイデアを見て、新しいアイデアを5分間で3つ考え、1枚ずつカードに記入し、シートに貼付します。5分経過したら隣の人にシートを渡します。
　以下、同じ作業を繰り返していきます。その結果、30分間で3アイデア×6人×6枚＝合計108のアイデアが生まれることになります。
　この発想法の特徴は他人のアイデアを徹底的に利用することにあります。そのため、一番はじめのアイデアは特に重要になります。具体的でかつ広範囲なところからアイデアを出さなければ、アイデアの拡散が望めませんから注意しましょう。
　特に、3つのそれぞれのアイデアから矢印を使って次々とアイデアを発展させていく方法を、ブレーンライティング法と呼んでいます。図7-5にブレーンライティングの手順と一例を示しています。
　最後に採択するアイデアを決定しましょう。各シートから1人1枚ずつ気に入ったアイデアのカードをテーブルの中央に出し、話し合いや多数決でアイデアを決定します。

図 7-4　635法(ブレーンライティング)専用シート

	A	B	C
テーマ：			
1	_____	_____	_____
2	_____	_____	_____
3	_____	_____	_____
4	_____	_____	_____
5	_____	_____	_____
6	_____	_____	_____

メンバー：	実施日	年　月　日

図 7-5　カード型ブレーンライティング法の一例

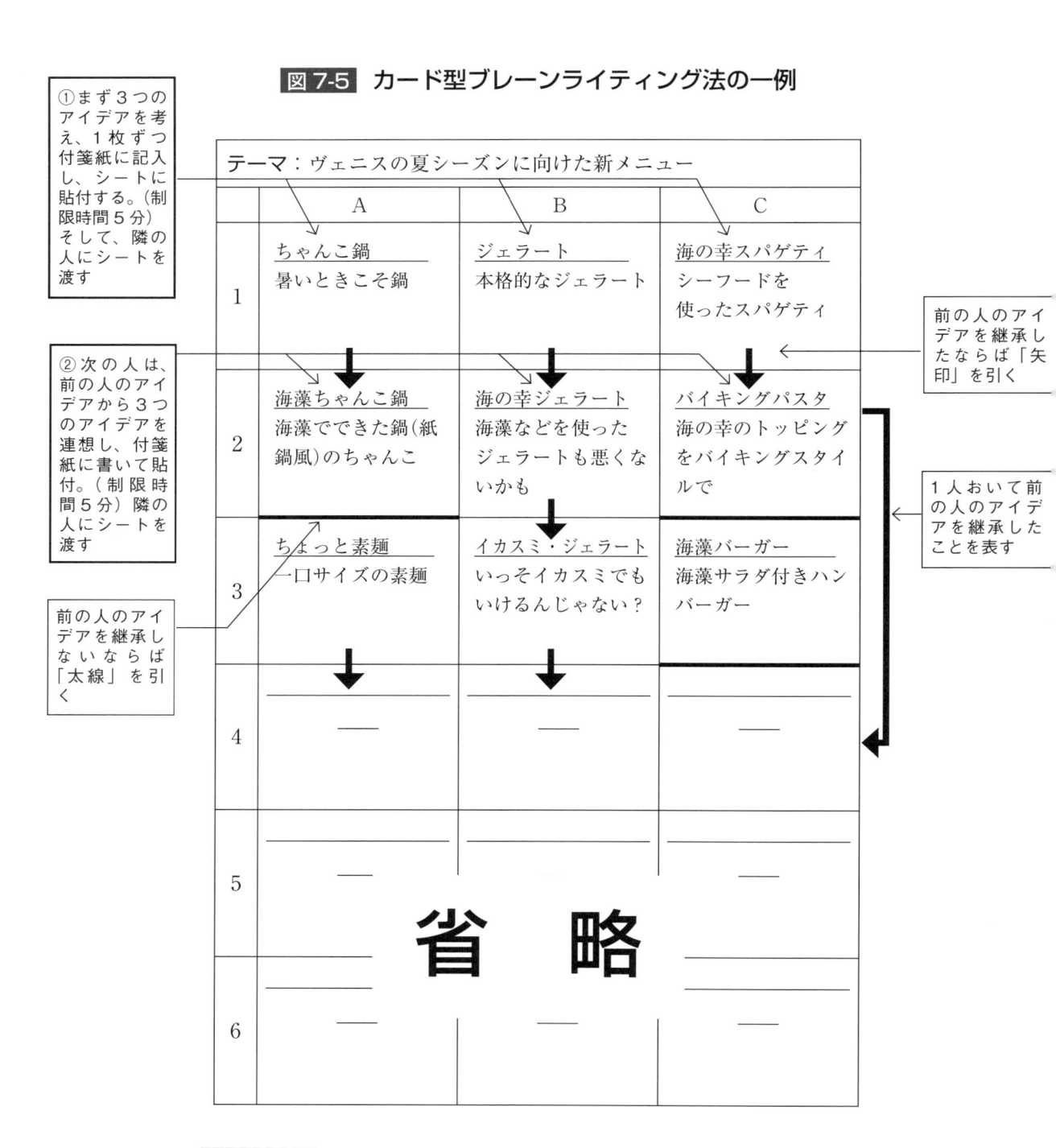

① まず3つのアイデアを考え、1枚ずつ付箋紙に記入し、シートに貼付する。（制限時間5分）そして、隣の人にシートを渡す

② 次の人は、前の人のアイデアから3つのアイデアを連想し、付箋紙に書いて貼付。（制限時間5分）隣の人にシートを渡す

前の人のアイデアを継承しないならば「太線」を引く

前の人のアイデアを継承したならば「矢印」を引く

1人おいて前の人のアイデアを継承したことを表す

テーマ：ヴェニスの夏シーズンに向けた新メニュー

	A	B	C
1	ちゃんこ鍋 暑いときこそ鍋	ジェラート 本格的なジェラート	海の幸スパゲティ シーフードを使ったスパゲティ
2	海藻ちゃんこ鍋 海藻でできた鍋（紙鍋風）のちゃんこ	海の幸ジェラート 海藻などを使ったジェラートも悪くないかも	バイキングパスタ 海の幸のトッピングをバイキングスタイルで
3	ちょっと素麺 一口サイズの素麺	イカスミ・ジェラート いっそイカスミでもいけるんじゃない？	海藻バーガー 海藻サラダ付きハンバーガー
4	―	―	―
5	―	―	―
6	―	―	―

省　略

メンバー：海野、ヴェニス従業員…　実施日　20○○年　○月　○日

ワークシート 7.1

アクアパークのイベントプランをたてて、集客数を伸ばそう

　浦南レジャーランド『アクアパーク』は駅から南東に車で20分くらいのところに作られた湖岸の遊園地である。最近利用客が減少傾向にあり、マーケティング課課長の佐々木奈央は頭を悩ませている。現在の施設は

①水中水族館
②遊覧船
③観覧車
④メリーゴーランド
⑤パターゴルフ

などがある。思い切って新しい施設を作りたいのだが、財政がきびしく困難である。
　そこで、佐々木は新しいコンセプトとして【年中変化しているアクアパーク】をうち立て、イベントを中心とした年間計画を立案した。

▶▶ どのようなプランが考えられるか、月ごとにあげてみましょう。

コンセプト：【年中変化しているアクアパーク】

	イベント		イベント
4月		10月	
5月		11月	
6月		12月	
7月		1月	
8月		2月	
9月		3月	

ワークシート 7.2　おしゃれなレストラン『ヴェニス』の新メニューを考えよう

レストラン『ヴェニス』は駅前から湖岸道路を北東に車で30分のところにあるおしゃれなレストランである。週末は年中若者や家族連れが利用しているが、海水浴シーズンには毎日のように若者が利用する。オーナーシェフの海野渉は「夏シーズンに向けた新メニュー」というテーマで店のスタッフとともにブレーンライティングを行っている。

▶▶ シートの4段目の空いているマスにアイデアを書いてみましょう。

	テーマ：夏シーズンに向けた新メニュー		
	A	B	C
1	ちゃんこ鍋 暑いときこそ鍋	ジェラート 本格的なジェラート	海の幸スパゲティ シーフードを使ったスパゲティ
2	海藻ちゃんこ鍋 海藻でできた鍋（紙鍋風）のちゃんこ	海の幸ジェラート 海藻などを使ったジェラートも悪くないかも	バイキングパスタ 海の幸のトッピングをバイキングスタイルで
3	ちょっと素麺 一口サイズの素麺	イカスミ・ジェラート いっそイカスミでもいけるんじゃない？	海藻バーガー 海藻サラダ付きハンバーガー
4			

第8章

収束型思考法
― アイデアをまとめる ―

keywords

収束型思考

KJ法

特性要因図法

第8章のねらい

収束型思考法は、発散型思考法で拡散した
アイデアをまとめ上げる技法です。
ここでは、KJ法と特性要因図法
について学びます。

8.1 収束型思考

　発散型思考法のブレーンストーミング法を使えば、たくさんの具体的なアイデアが出てきたと思います。前章では、出てきたアイデアから多数決などで1つのアイデアを採択しました。
　ところが、よく見てみると、何となく似たようなアイデアがいくつか出ていることがわかります。
　それらのアイデアをいくつかのグループに分類することによって、その背後にある共通要素を抽出することができます。そうすることで、自分たちがどのような思考にもとづいて、それらのアイデアを発想したのかが浮かび上がってきます。その結果、アイデアが単なる思いつきではなく、発想の背景を論理的に説明することができるようになります。
　ここでは、代表的な収束型思考法であるKJ法と特性要因図法について説明しましょう。
　収束型思考では、グルーピングが非常に重要です。アイデアをまとめるといっても単に分類するだけでしたら、発散させた思考が整理されるだけで終わってしまいます。収束型思考では単なる整理にとどまるのではなく、アイデアの組み合わせを幾通りも考えて、その組み合わせの共通要素を抽出するように発想しながらまとめていくことが大切です。
　しかし、奇抜な組み合わせをしていてはいつまでたっても整理できません。自由な発想の中でも誰もが納得できるような、論理的な思考にもとづいてグルーピングをしていきましょう。グループでこの手法を実施するときには、どんどん意見を出し合いましょう。潜在的な基底概念を見つけ出し、納得するまで話し合うことが大切です。

図 8-1 収束型思考法のイメージ

共通要素を抽出

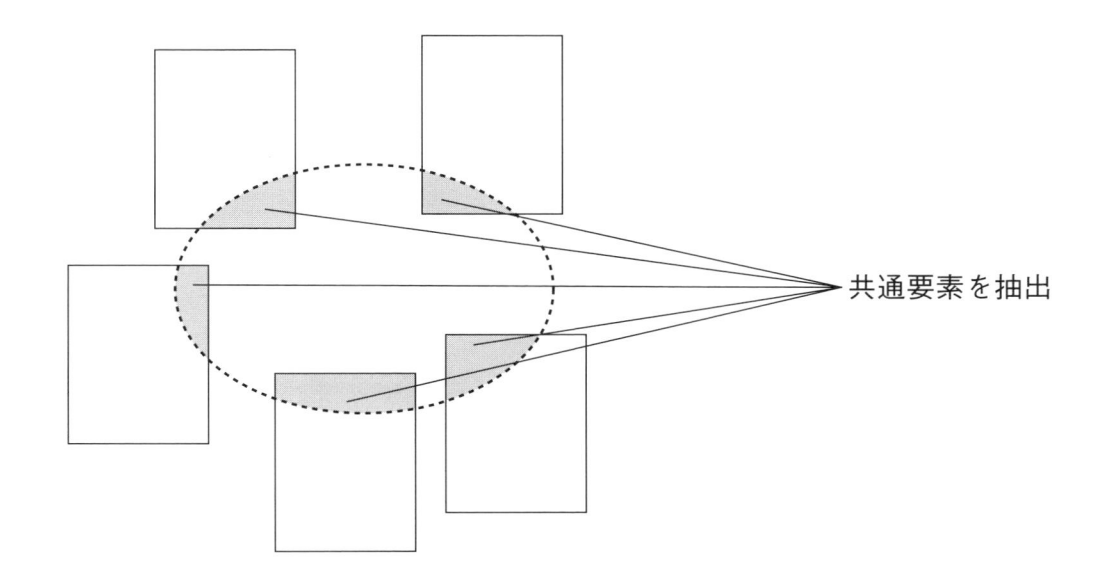

図 8-2 収束型思考法の注意点

1. グルーピングは単なる分類ではない。いくつかのアイデアに共通する要素を見つけ出すことが重要

2. グルーピングの際は、余分なアイデアが含まれていないか、あるいは、入れるべきアイデアがすべて含まれているかを確認しながら進める

8.2　KJ法

　KJ法は、文化人類学者川喜田二郎氏が考案した発想法です。まず、テーマを決めます。テーマは明確にし、疑問形にしましょう。次に、カード型BS法でアイデアを拡散させます。アイデアは、主語、述語を含む一文にし、疑問形のテーマに答える形にします。この段階でしっかり考えて、アイデアを拡散させておくことで、後でまとめやすくなります。

　アイデアが出尽くしたら、本質的に内容が似ているカードを3〜5枚ずつ集めて小グループを作り、各グループに表札をつけていきます。注意したいのは、KJ法は、単に分類するのが目的ではないということです。複数のアイデアを自由に組み合わせ、それらの共通の要素を抽出し、新しいアイデアに発展させながら整理していくことが重要です。

　また、表札のカードはカード型BS法で使用したものとは別の色のものにします。表札の言葉はポイントとなる共通要素をずばり表現するようなものにし、疑問形のテーマに答える形にします。共通する要素を探るような気持ちで表札をつけましょう。

　組み合わせるカードの枚数は、5枚を上限とした方がいいでしょう。枚数が多いときは、単なる分類に陥っていることがよくあります。また、他のアイデアと共通点のないものは無理にグルーピングせずに、単独のカードのままにしておきます。

　第1段階のグルーピングが終われば、表札を一番前にしてクリップなどで留めておきます。

　今度は表札と単独カードから第2段階のグルーピングを行い、中グループにまとめて表札をつけていきます。このように、グルーピングと表札づけを多段的に繰り返してまとめていきます。

　次は図解です。カードを模造紙に整理してみましょう。全体のバランスを考えてカードを配置してグループに囲みをつけます。内容の近いグループ同士は近づけたり、相反するグループ同士は対立するように配置します。

　必要に応じて、矢印などの記号を用いてグループ間の関係を描きます。

　図8-4は、KJ法の一例です。

図 8-3 KJ 法の手順

| カード(大きめの付箋紙)、模造紙、マジックを用意する | カード型BS法を実施する | 内容が本質的に似ているカードを3〜5枚ずつ集めて小グループのカード群をつくり、表札をつける | カード群をさらに中グループにまとめ表札をつける(繰返し) | 模造紙にカードを貼り付け、グループを線で囲む。グループ間の関係を矢印などで表現する
相関関係：⟷
因果関係：⟶
対立関係：⟩⟨ |

図 8-4 KJ 法の一例
〜大学生活を充実させるためには〜

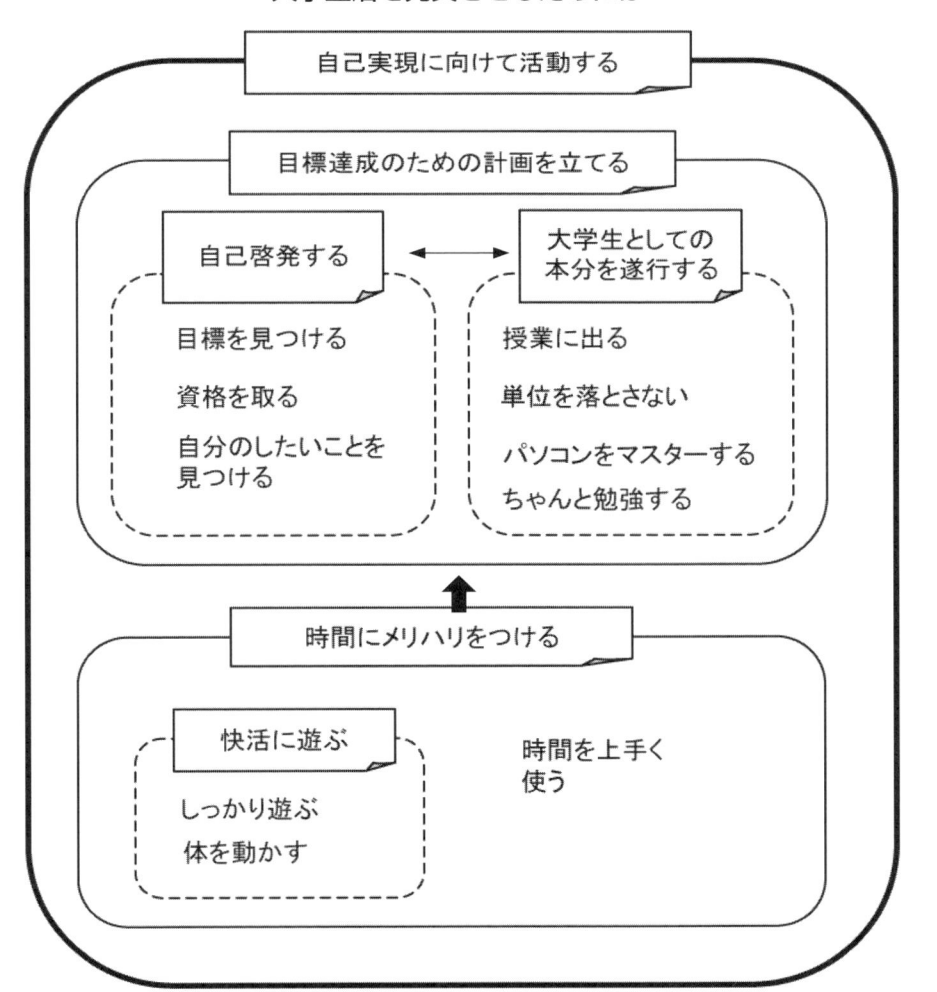

- 自己実現に向けて活動する
  - 目標達成のための計画を立てる
    - 自己啓発する ⟷ 大学生としての本分を遂行する
      - 目標を見つける
      - 資格を取る
      - 自分のしたいことを見つける
      - 授業に出る
      - 単位を落とさない
      - パソコンをマスターする
      - ちゃんと勉強する
  - ↑
  - 時間にメリハリをつける
    - 快活に遊ぶ
      - しっかり遊ぶ
      - 体を動かす
    - 時間を上手く使う

8.3　特性要因図法

　特性要因図法は、もともと製品の品質管理で用いられている問題発見技法です。ある製品の品質について何か問題(特性)が生じたとき、多くの人の意見にもとづいてその問題の原因(要因)を究明していく技法です。特性要因図は、形が魚の骨に似ていることから、フィッシュボーンともよばれています。
　作業手順は次のとおりです。
　まずテーマに従って、カード型BS法により問題に対する原因(小項目の要因)を大量に、できるだけ具体的に出していきます。
　次に、似た内容を集めてグルーピングします。KJ法と同様にグループに名前(大項目の要因)をつけていきます。
　グルーピングができたら、模造紙を横長に置き、左の方に問題(特性)を書きます。そこに向かって背骨にあたる矢印を、模造紙を縦断するように引きます。さらに背骨の矢印に向かって大骨の矢印を斜めに引き、さらに大骨に向かって小骨にあたる矢印を引きます。
　それぞれの矢印の端に要因を配置していきます。このとき、大項目の要因は大骨、小項目の要因は小骨に配置します。
　図8-6は、特性要因図法の一例です。
　特性要因図が完成したら、重点的に対策を講じる要因を決め、対処します。
　ここに示した例では、グルーピングを1段階のみ行いました。より多くの要因がある場合には、さらに2段階、3段階のグルーピングを行う必要があります。その場合には、特性要因図にさらに細かい骨を追加していくことになります。
　特性要因図法は原因究明に使用するのが一般的ですが、問題解決のアイデアをまとめていくのにも使えます。

図8-5 特性要因図法の手順

カード（大きめの付箋紙）、模造紙、マジックを用意する ➡ カード型BS法を実施する ➡ 要因をグルーピングする ➡ 模造紙の左側に問題（特性）を書き、そこに向かって背骨の矢印を引く ➡ 背骨に向かって大骨の矢印を斜めに引き、端に大項目の要因を書く ➡ 大骨に向かって小骨を引き、小項目の要因を配置していく

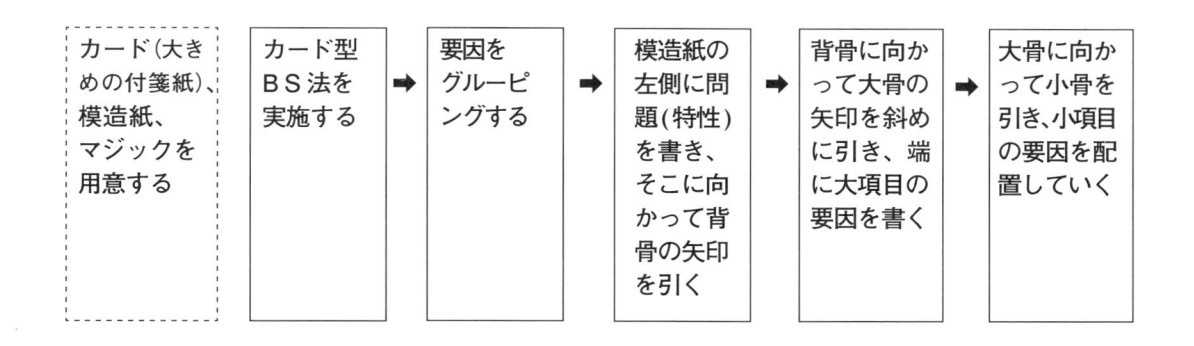

図8-6 特性要因図法の一例
～あるレジャーランドの問題…来園者が減少～

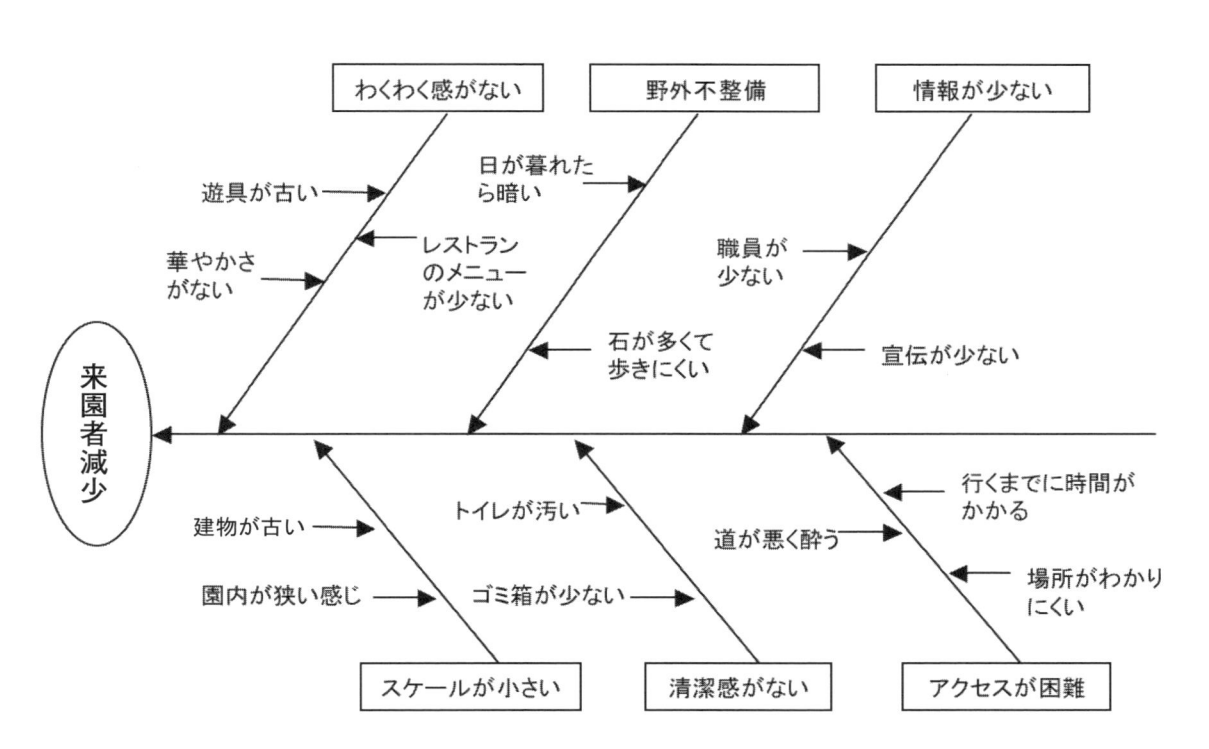

- 来園者減少
  - わくわく感がない
    - 遊具が古い
    - 華やかさがない
    - レストランのメニューが少ない
  - 野外不整備
    - 日が暮れたら暗い
    - 石が多くて歩きにくい
  - 情報が少ない
    - 職員が少ない
    - 宣伝が少ない
  - スケールが小さい
    - 建物が古い
    - 園内が狭い感じ
  - 清潔感がない
    - トイレが汚い
    - ゴミ箱が少ない
  - アクセスが困難
    - 行くまでに時間がかかる
    - 道が悪く酔う
    - 場所がわかりにくい

ワークシート 8.1　充実した大学生活を送るには

蓮浦(はすうら)大学2年生の梶浦緑は友人たちと「充実した大学生活を送るには」というテーマでKJ法を行っている。

▶▶ 空欄の表札 A〜C を考えてみましょう。

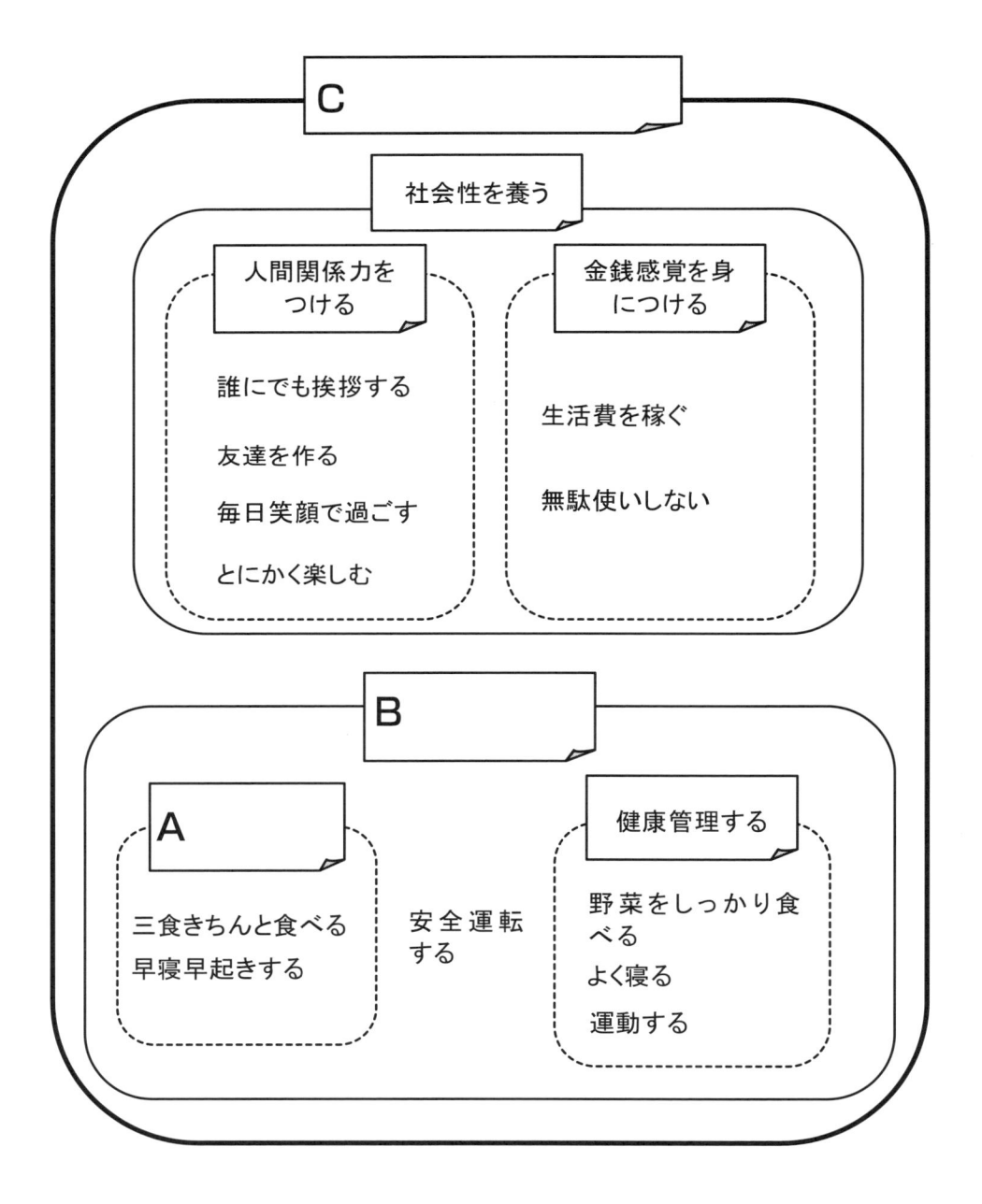

```
┌─────────────────────────────────────────┐
│  C                                       │
│                                          │
│          社会性を養う                     │
│                                          │
│   ┌──────────────┐  ┌──────────────┐    │
│   │ 人間関係力を  │  │ 金銭感覚を身  │    │
│   │ つける        │  │ につける      │    │
│   │              │  │              │    │
│   │ 誰にでも挨拶する│ │ 生活費を稼ぐ  │   │
│   │ 友達を作る    │  │ 無駄使いしない│    │
│   │ 毎日笑顔で過ごす│ │              │    │
│   │ とにかく楽しむ │  │              │    │
│   └──────────────┘  └──────────────┘    │
│                                          │
│          B                               │
│                                          │
│   ┌──────────────┐  ┌──────────────┐    │
│   │ A            │  │ 健康管理する  │    │
│   │              │  │              │    │
│   │ 三食きちんと  │  │ 野菜をしっかり│    │
│   │ 食べる        │  │ 食べる        │    │
│   │ 早寝早起きする│ 安全運転│ よく寝る │    │
│   │              │ する    │ 運動する │    │
│   └──────────────┘  └──────────────┘    │
└─────────────────────────────────────────┘
```

ワークシート 8.2　アクアパーク入場者減の原因を特性要因図で探ろう

浦南レジャーランド『アクアパーク』は駅から南東に車で20分くらいのところに作られた湖岸の遊園地である。最近の来園者減少に頭を悩ませているマーケティング課課長の佐々木奈央は、その原因を整理するため特性要因図を作成している。

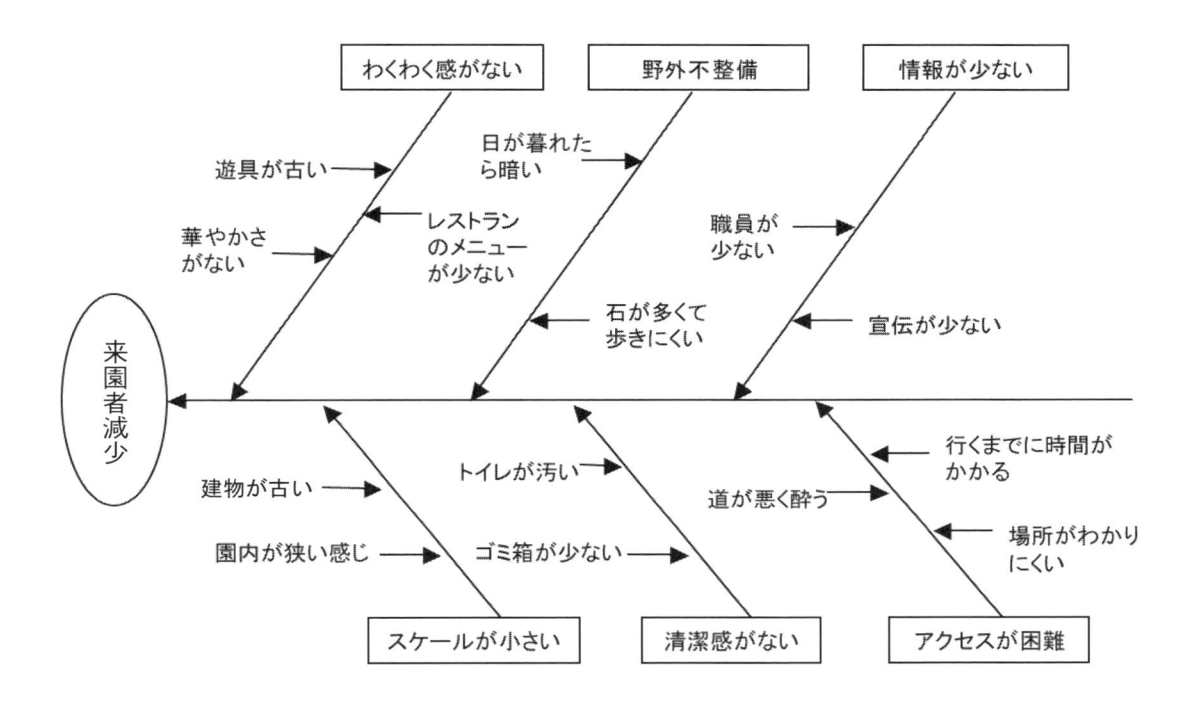

（特性要因図）

大骨グループ：
- わくわく感がない：遊具が古い、華やかさがない、レストランのメニューが少ない
- 野外不整備：日が暮れたら暗い、石が多くて歩きにくい
- 情報が少ない：職員が少ない、宣伝が少ない
- スケールが小さい：建物が古い、園内が狭い感じ
- 清潔感がない：トイレが汚い、ゴミ箱が少ない
- アクセスが困難：行くまでに時間がかかる、道が悪く酔う、場所がわかりにくい

特性：来園者減少

▶▶ 次の項目を特性要因図に追加してみましょう。また、必要があれば新しいグループを作りましょう。

- 体験型イベントがない
- 雨が降ったら濡れる
- 駐車場が狭い
- 掃除が行き届いていない
- パンフレットの情報が少ない
- 大型バスの駐車スペースが少ない

THINKING

第 9 章

類比型思考法
― 連想で考える ―

keywords

類比型思考

NM 法

第 9 章のねらい

問題を理詰めで考えても、いいアイデアが出ない場合があります。そのようなとき、「たとえば○○のように」と発想していく類比型思考法を使うと、思いがけないアイデアが出てきます。ここでは、NM 法について学びます。

9.1 類比型思考法

　類比型思考法とは、第7章で学んだ発散型思考法の1つです。ブレーンストーミング法やブレーンライティング法は、自由に思いつくまま発想していきますが、類比型思考法では、まず問題の特性を考え、それから「たとえば○○のように」とヒントを出して、連想していきます。

　たとえば、「地元の商店街を魅力的にしたい」という問題ならば、「魅力的」、すなわち「客が集まり満足している状態」が問題の特性となるでしょう。このような特性を持っていて参考になりそうな人、物、所を探してみてください。動物でも植物でも構いません。理論的に考える必要はありません。頭の中に、ぱっと浮かんだイメージでいいのです。

　では、「お客さんをたくさん集めて、満足させている所」として、「スターバックス」を取り上げてみましょう。スターバックスと聞いて、何をイメージするでしょうか。「本物」「くつろぎ」「ソファー」「ブランド」などの言葉が浮かぶのではありませんか。これらの言葉をヒントにして、スターバックスの店舗内ではどのようなサービスが行われているか、また、消費者はどのような行動をしているかなどを考えていきます。

　「スターバックスでは、客がゆったり座れるように、ソファーが置いてある」→「このことは、うちの商店街で考えた場合、どういうことに当たるだろうか」→「商店街の歩道や売り場に、座り心地のよいベンチを並べたらどうか」というように考えていきます。

　他にもやってみましょう。「お客さんをたくさん集めて、満足させている所」という点から言えば、店ではありませんが、来場者の多くがリピーターという「ディズニーランド」を参考にしてもいいわけです。スターバックスとは違った、「テーマがある」「フレンドリー」「細部までこだわっている」などのイメージが出てくるのではないでしょうか。

　「ディズニーランドには、エリア毎にテーマがある」→「うちの商店街では？」→「エリア毎にテーマを決めるか？」「毎月テーマを決めて、関連商品を売るか？」「テーマに沿った服を着て来たお客さんにプレゼントをあげるか？」などのアイデアが出てきます。

図 9-1　類比型思考法の位置づけ

発散型思考法 ─┬─ 自由型思考法 ── ブレーンストーミング法など
　　　　　　　│
　　　　　　　└─ 類比型思考法 ── NM法など

図 9-2　類比型思考法の基本

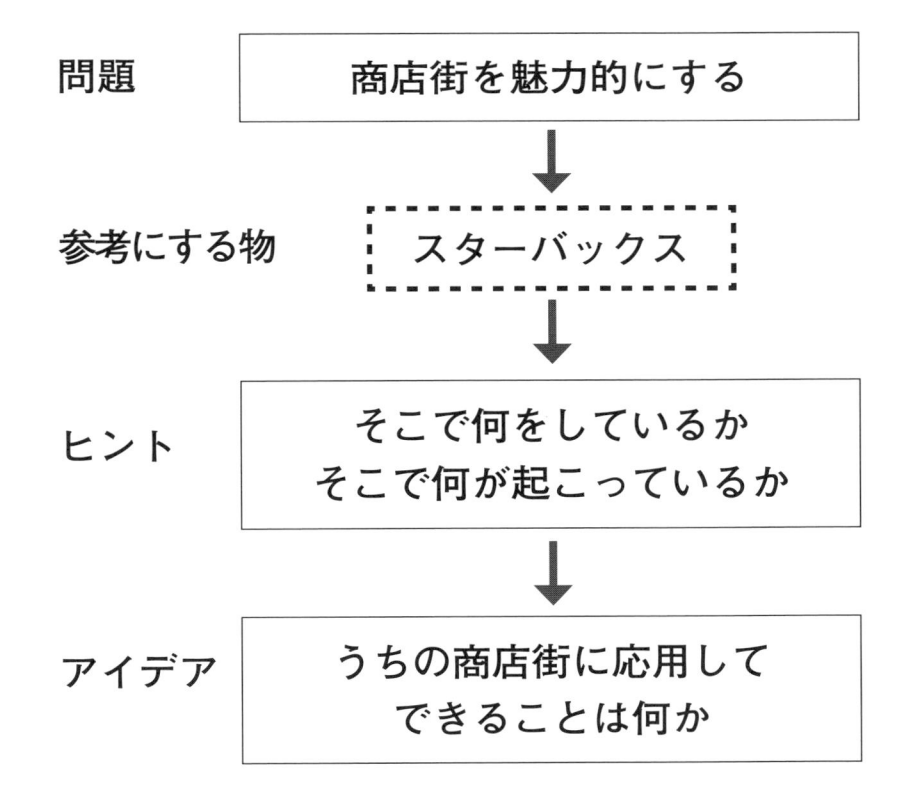

問題	商店街を魅力的にする
参考にする物	スターバックス
ヒント	そこで何をしているか そこで何が起こっているか
アイデア	うちの商店街に応用して できることは何か

9.2 NM法

　ここでは、代表的な類比型思考法である NM 法について説明します。

　NM 法は創造工学の専門家中山正和氏が、「人が考える時に脳はどう働くか」という脳生理学的モデルをもとに考案した発想法です。つまり、「こういうアタマの使い方をすれば、アイデアが出やすい」という手法です。ですから、何度も NM 法を繰り返し使っていけば、アイデアが出やすい脳になるかもしれません。

　NM 法は、理詰めで考えてもよいアイデアが得られなかったとき、または理詰めで問題は一応解けたが、まだ他に気がつかなかったようなアイデアがほしいというときに使うとよいでしょう。新製品の開発、ある物の新しい使い道、製品の売り込み方法、商店街の活性化、パーティーの演出など、幅広く利用することができます。

　人数は 1 人でも可能ですが、数人いた方が 1 人では思いつかない発想が出てくるでしょう。

　では、NM 法の進め方を大まかに説明しましょう。

　まず、テーマについてのキーワード(Key Words)を考えます。キーワードはテーマの本質をとらえたものでなければなりません。

　次に、QA(Question Analogy：類比)を考えます。キーワードから連想するものを出します。テーマから完全に離れて、キーワードだけから考えます。

　そして、QB(Question Background：背景)をイメージします。ここでは、QA は何をしているか、QA で何が起こっているかということを出していきます。このとき、理屈を考えるのではなく、過去に見たり聞いたりした自分の経験を思い起こして、イメージすることが大切です。

　QC(Question Conception：アイデア)では、テーマに立ち返り、QB の 1 つ 1 つに、「これは今の問題に応用できないか？」という問いかけをし、アイデアを出していきます。

　たくさん出た QC の中に、そのまま使えるものがあればよいのですが、なければ、アイデアを組み合わせたり発展させたりして、解決案をまとめます。

図 9-3 NM法の進め方と留意点

1. テーマを設定する

2. **KW** キーワードを決める

    KWはテーマの特性を表したもの
    テーマの本質をとらえたもの
    動詞、形容詞、名詞が多い
    擬態語でもよい

3. **QA** 参考になるものを探す

    QAは完全にテーマから離れ、KWから考える

4. **QB** QAの背景をイメージする

    QAは何をしているか、QAで何が起こっているか
    過去の経験に照らし合わせてイメージする

5. **QC** アイデアを出す

    テーマに立ち返る
    QBに「これは今の問題に応用できないか？」と問いかける

6. 解決案にまとめる

    QCをそのまま使ってもよい
    組み合わせたり、発展させたりしてもよい

9.3　NM法の事例

　では、NM法の事例を見ていきましょう。テーマは、「大晦日に商店街の催しとして、年越し市を開く。そのときの年越しカウントダウンの演出を考える」です。

　まず、キーワードを考えます。「新しいものを迎える」「祝う」「数える」の3つをあげました。年越し市ですから、「(人が)たくさん集まる」というキーワードはどうでしょうか。「市を盛り上げる」というテーマだったら、それでもいいでしょう。しかし、ここで考えるのは「年越しカウントダウンの演出方法」です。「年越し カウントダウン」の本質をとらえたキーワードでなければならないので、「(人が)たくさん集まる」は適切ではありません。

　次に、上にあげたキーワードを展開していきます。ここでは、例として「新しいものを迎える」を展開してみます。

　　KW：新しいものを迎える
　　　　QA（テーマから切り離して、KWから何を参考にするかイメージする）
　　　　　：小包が届く
　　　　QB（QAで何が起こっているか、何をしているかイメージする）
　　　　　：郵便局が持ってくる
　　　　QC（テーマに立ち返り、QBはテーマに役に立てないか？と考える）
　　　　　：0時ぴったりに何か届く
　　KW：新しいものを迎える
　　　　QA：卵がかえる
　　　　　QB：少しずつ姿を見せる
　　　　　　QC：カウントダウンに合わせて何かの映像を少しずつ見せる

　キーワード「新しいものを迎える」の展開例のみを示しましたが、同じやり方で「祝う」「数える」についても展開していくと、たくさんのQCが出てきます。

　最後に解決案をまとめます。たくさん出てきたQCの中からそのまま使っても構いませんし、あるいは、組み合わせたり、発展させても構いません。

図 9-4 NM 法の事例

テーマ
大晦日に商店街の催しとして、年越し市を開く。
そのときの年越しカウントダウンの演出を考える。

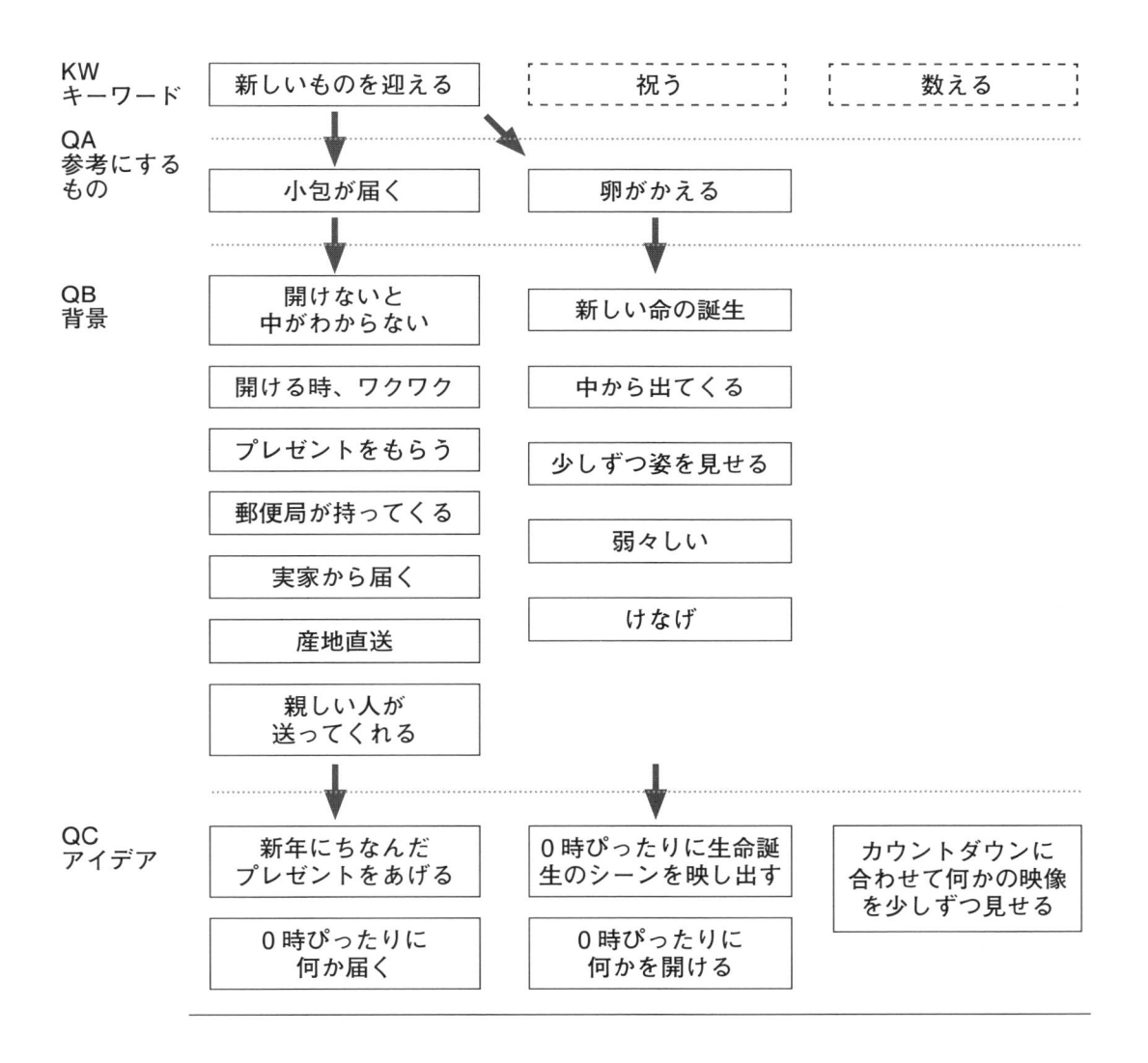

KW キーワード
- 新しいものを迎える
- 祝う
- 数える

QA 参考にするもの
- 小包が届く
- 卵がかえる

QB 背景
- 開けないと中がわからない
- 開ける時、ワクワク
- プレゼントをもらう
- 郵便局が持ってくる
- 実家から届く
- 産地直送
- 親しい人が送ってくれる

- 新しい命の誕生
- 中から出てくる
- 少しずつ姿を見せる
- 弱々しい
- けなげ

QC アイデア
- 新年にちなんだプレゼントをあげる
- 0時ぴったりに何か届く
- 0時ぴったりに生命誕生のシーンを映し出す
- 0時ぴったりに何かを開ける
- カウントダウンに合わせて何かの映像を少しずつ見せる

解決策案をまとめる
QCをそのまま使ってもよい、組み合わせたり、発展させたりしてもよい

ワークシート 9.1 カウントダウンイベントを盛り上げよう

東山商店街会長の小川和広は中華料理店を経営している。商店街活性化の1つとして、大晦日に年越し市を開くことを計画している。

▶▶ NM法を用いて年越しカウントダウンの演出を考えてみましょう。
　　キーワードは"祝う"、"数える"です。

　　　　　祝う　　　　　　　　　　　　　　　　　数える

こんな問題にも使ってみよう！
　・商店街を魅力的にするには
　・よく行く居酒屋を魅力的にするには
　・相手が納得するように、うまくプレゼンテーションをするには

第10章

フレームワークシンキング①
― 既成の枠をはなれ、思考の枠へ ―

keywords

問題と解題

MECE

PPM

第10章のねらい

自分の中に知らず知らずにある先入観。
これがあると、問題の解決に大きな妨げとなります。
先入観を取り除くためには、既成の枠にとらわれている
自分に気づかなければなりません。
本章では、既成の枠を発見し、その上で、
必要で充分な情報から、順序だてて考えることを学びます。

10.1　創造的問題・創造的解題

　私たちが行動を起こすときには、無意識に、あるいは意識的に、次の行動を起こす判断を行っています。たとえば、のどが渇いてコンビニで清涼飲料水を買う場合、どこのコンビニに行くのか、どのようなブランドの清涼飲料水を買うのかなど、私たちはいくつかの場面で判断し、意思決定しています。つまり、「清涼飲料水を買う」という問題に対して、問題解決をしていることになります。

　高橋誠氏は、問題とは、「期待（目標、願望）と現状との差」であると定義しています。そして、普段の私たちの日常における社会型問題は、多解答型であって、自ら解答を作り出していかなければならない創造的問題とも述べています。つまり、決まった正解がないということです。

　私たちは期待、すなわちあるべき姿と現状のギャップを埋めるために、問題解決行動を行っているわけです。ここで大切なのは、どのような期待を設定するかということです。それによって、問題解決のプロセスが変わってきます。のどが渇いたので「とりあえず水分を補給」なのか、「さっぱりとして、後味がいいもの」、あるいは、「疲れをいやすための甘みの補給」なのか。このように、期待が違えば問題解決の方法も違ってきます。

　もう少し、別の例を見てみましょう。後発国への開発援助はよく問題が発生します。先進国の援助が、現地の住民の反発をまねくことが起こります。たとえば、開発援助でダムの建設をすることにより経済発展し、相手国は歓迎するという援助国側の論理です。相手国の政府は喜ぶかもしれません。しかし、ダム建設現地の住民は漁業などの生計の手段を失い、昔の平和な生活をなくし、また新たな環境問題を引き起こすことにもなりかねません。

　したがって、創造的問題には、どのような目標や期待を設定するかが重要なスタート地点となります。このスタート地点をどこに置くかを見極めることによって、その立場に合ったよりよい問題解決を導き出すことになります。

　創造的問題には、その問題を分解し、本質をよく見つめ、よりよい問題の立て方をすることが大きな意味を持ってきます。創造的問題には、問題の本質を分解していくという、創造的解題による目標や期待の設定が何より重要です。

図 10-1　問題の定義＝あるべき姿と現在の状況のギャップ

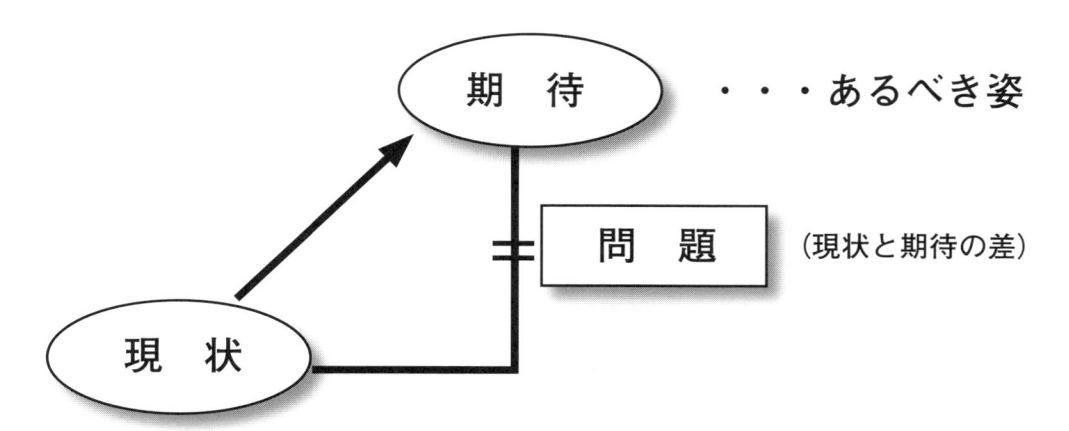

期　待　・・・あるべき姿

問　題　（現状と期待の差）

現　状

高橋誠　「問題解決手法の知識」日本経済新聞社 1984（一部加筆）

図 10-2　創造的解題＝問題を分解する
　　　　（問題の立て方が違えば、解き方も違う）

例：開発援助

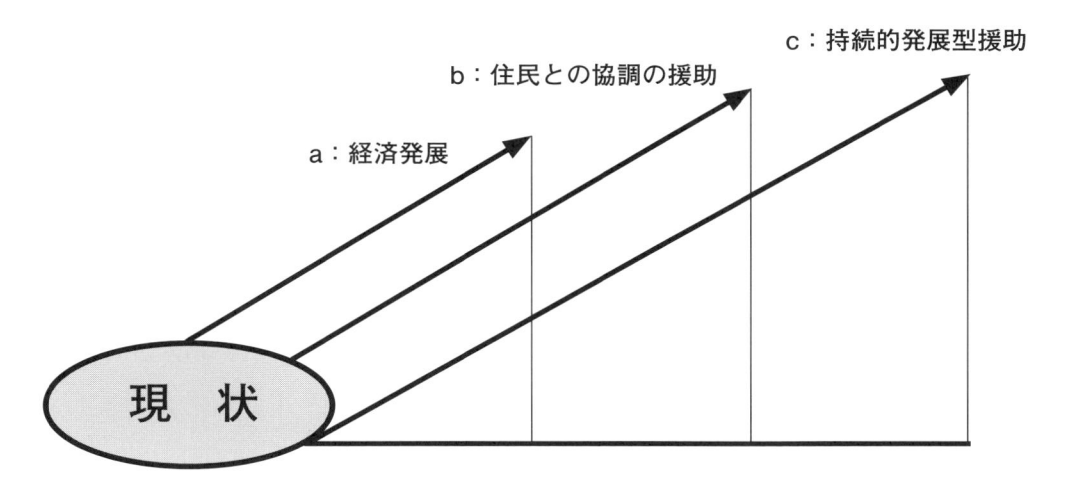

c：持続的発展型援助
b：住民との協調の援助
a：経済発展

現　状

10.2 MECE(ミッシー)

　MECEというのは、世界的に著名な経営コンサルタント会社のマッキンゼーが開発した基本的な思考法です。問題を分解する際にとても重要な概念です。

Mutually　　　＝　互いに
Exclusive　　 ＝　排他的な、唯一の(＝重複がない)
Collectively　＝　集合的に、全体として
Exhaustive　　＝　余すところない、完全な

　「要素がお互いに、重複がなく、集まると、全体を表す」という意味になります。
　モレがあったりすると、本質を見失ってしまいます。また、ダブリがあれば混乱を起こしてしまいます。たとえば、化粧品の例を考えてみましょう。自社の商品開発のターゲットを、主婦とOLとしたらどうでしょう。この中には、主婦でありOLでもある有職主婦が含まれます。専業主婦向けに作った商品や、独身OL向けの商品が、有職主婦に受けいれられるとは限りません。
　働きながら主婦の役割をこなすには、専業主婦や独身OLとは違った時間の使い方、価値観を持っているでしょう。日常のライフ・スタイルが違っていれば、化粧品への期待や要望も違ってくるはずです。このように、ダブリは問題を立てるときの混乱だけでなく、大変なムダを引き起こす原因となります。
　チェックのポイントは、要素のすべてを足し算してみることです。足し算で全体を表していれば、モレやダブリはありません。足し算して、余りがでるようでしたら、ダブリがあるということです。また、逆に、全体から要素を引き算してみます。引き算して不足があるようでしたらモレがあります。
　まず、じっくりと問題と対峙して、いろいろな角度から見つめるようにしてください。また、ゼロベース(第1章)で考えるときは、MECEでチェックすると有効です。

図 10-3 MECE

ダブリはないがモレがある

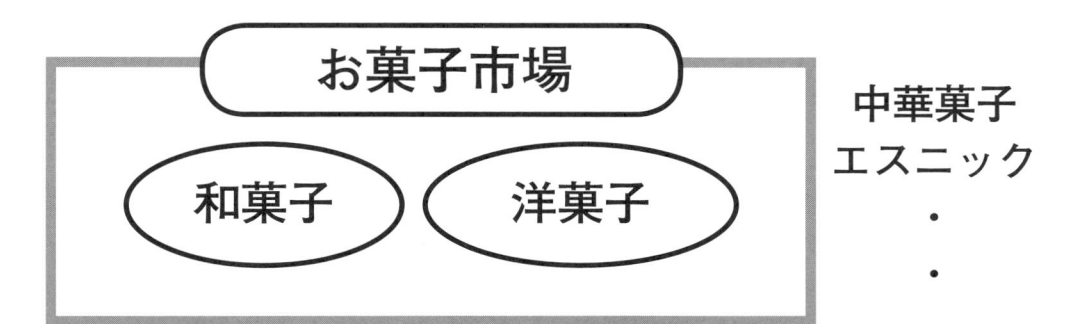

```
┌─────────────────────────────┐
│      お菓子市場              │      中華菓子
│                             │    エスニック
│   和菓子      洋菓子        │       ・
│                             │       ・
└─────────────────────────────┘
```

モレはないがダブリがある

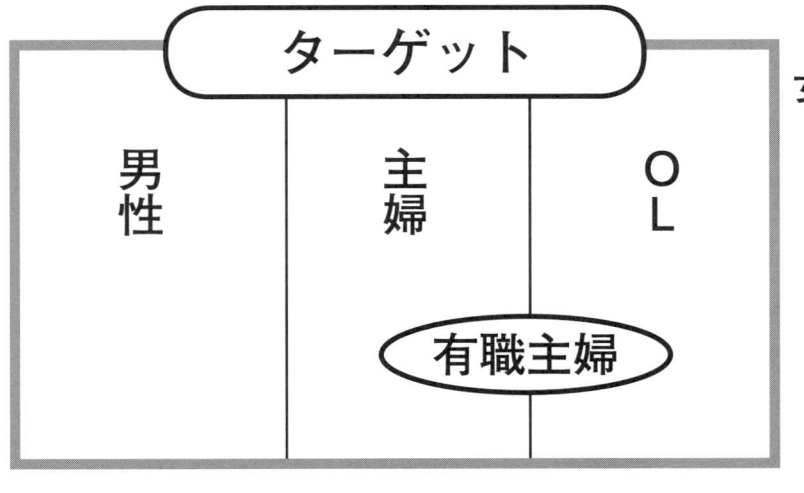

```
┌─────────────────────────────┐
│        ターゲット            │    女性マーケット
│                             │     ・有職主婦
│  男性 │  主婦  │  OL        │     ・専業主婦
│                             │     ・独身OL
│         有職主婦            │
└─────────────────────────────┘
```

10.3 ポートフォリオ分析

　ポートフォリオ分析(Product Portfolio Management=PPM)とは、いくつかある事業を最適に組み合わせて、資源を有効に配分していくために考えられた思考ツールです。これは、ボストン・コンサルティングにより考案されました。縦軸に「市場成長率」をとり、横軸には「相対的マーケットシェア」をとって、4つの象限で考えていくものです。

- A．**市場成長率は低いが、シェアは高い＝金のなる木(Cash Cow)**
  マーケットシェアが高いので、資金の流入は多い。
  市場の成長率は低いので、資金流出は少ない。
- B．**市場成長率は高く、シェアも高い＝花形(Star)**
  マーケットシェアが高いので、資金の流入は多い。
  市場の成長率が高く、競争も激しいので、資金流出も多い。
- C．**市場成長率は高いが、シェアは低い＝問題児(Problem Child)**
  マーケットシェアが低いので、資金の流入は少ない。
  市場の成長率が高く、競争も激しいので、資金流出は多い。
- D．**市場成長率は低く、シェアも低い＝負け犬(Dog)**
  マーケットシェアが低いので、資金の流入は少ない。
  市場の成長率も低いので、資金流出も少ない。

　この4つの分類により適切な経営資源の配分を行います。それは、

- ・「金のなる木」で獲得した資金を、
- ・市場の成長が見込まれる「問題児」への投資にあて、問題児を花形に育てていく。
- ・「負け犬」については、早期に撤退も考える。

　この思考のフレームワークは、自分の持っている能力などを分析して、「今どのようなことに時間やお金を投資していくか」などを考えるツールとしても有効でしょう。

図 10-4　ポートフォリオ分析

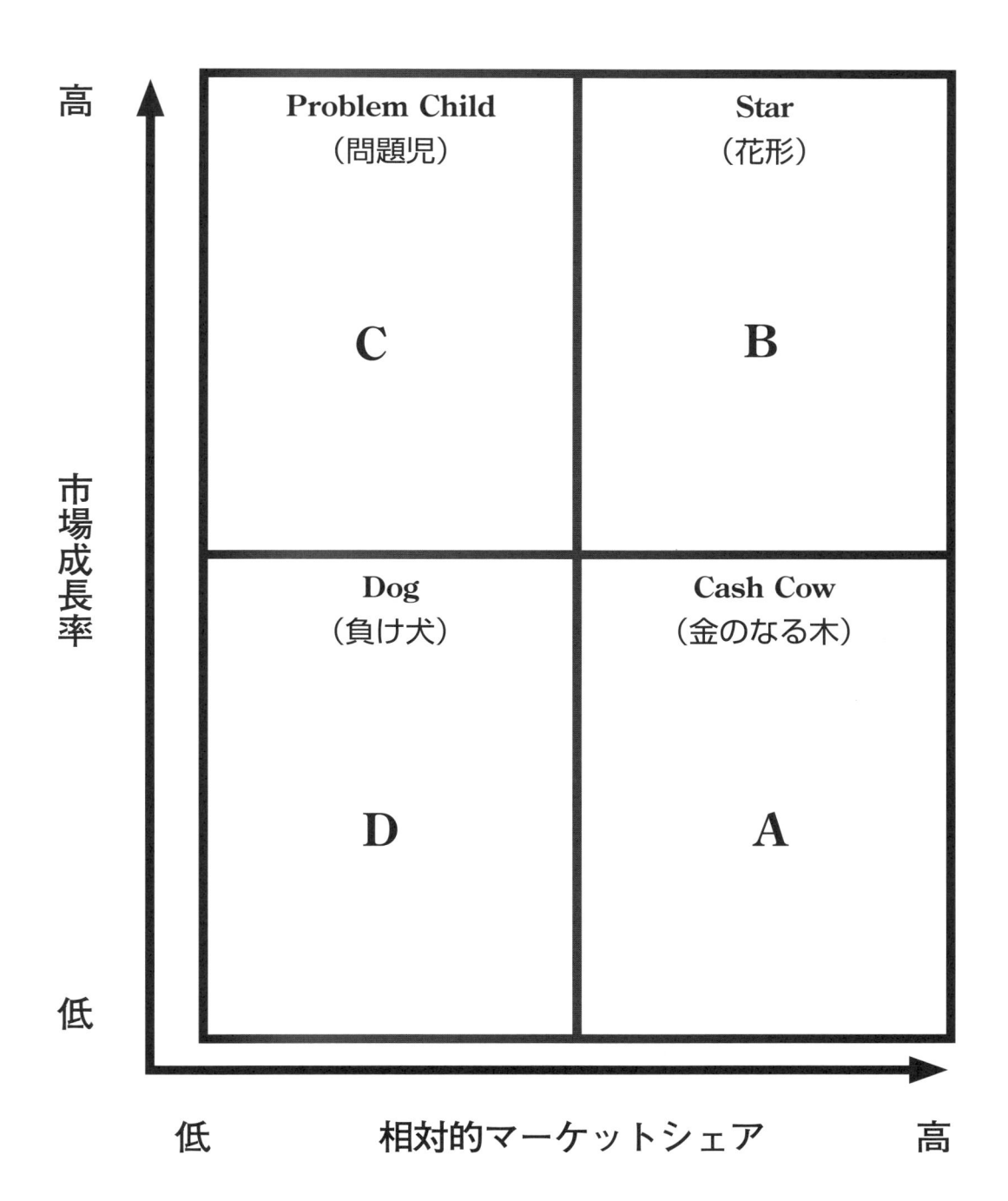

	相対的マーケットシェア 低	相対的マーケットシェア 高
市場成長率 高	Problem Child（問題児） C	Star（花形） B
市場成長率 低	Dog（負け犬） D	Cash Cow（金のなる木） A

ワークシート 10.1　朝日デパートの学園都市移転計画

蓮浦駅の駅前にある朝日デパートは最近客足が遠のいており、売上げも落ち込み、「夕日デパート」と言われるほどである。事業本部長の遠藤章悟は、朝日新太郎社長から学園都市への移転を検討するよう命令を受けた。移転場所は、郊外の新興住宅地。ここ2、3年の間に、大学や企業の研究所などができ、学園都市として発展してきている。高学歴の知的労働者も増えてきている。しかし、約2割の住民は、農業と工作機械関連の地場産業に従事している。また、都心までは1時間の通勤距離である。約4割の住民は都心に通勤し、昼間の人口はわずかである。買い物も、通勤や通学の際に都心ですませるといった人も多くいる。

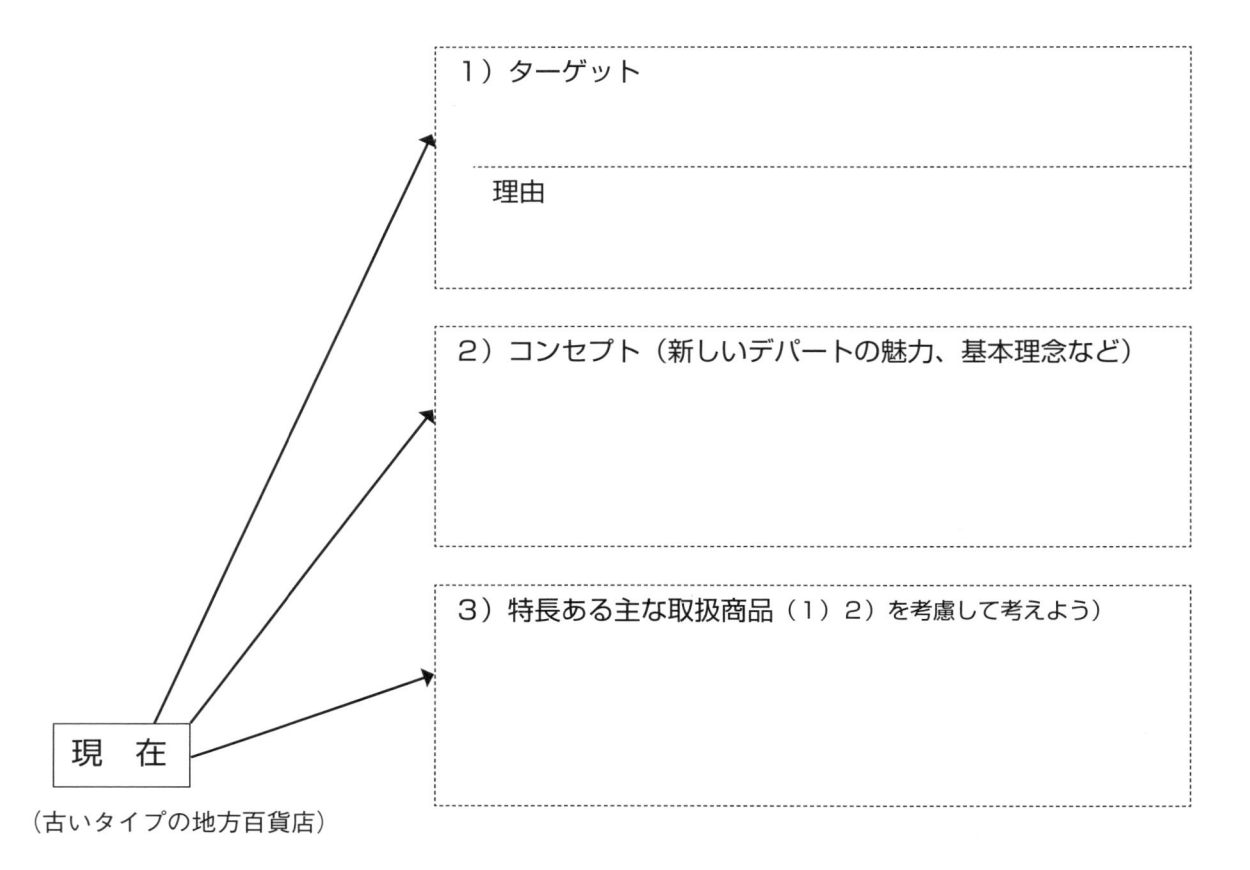

▶▶ さて、あなたは、新しいデパートの目標をどのように設定しますか。（ワークシート6.2 ポジショニング参照）

1) ターゲット

理由

2) コンセプト（新しいデパートの魅力、基本理念など）

3) 特長ある主な取扱商品（1) 2) を考慮して考えよう）

現　在
（古いタイプの地方百貨店）

ワークシート 10.2　　朝日デパートのターゲットを考えよう

朝日デパートは、経営再建のためには、次の２つの選択肢が最重要課題だと、役員会議で決定した。
　第１案：現在の駅前市街地は創業の地であり、長年の顧客がいる。この場所で継続して経営を維持していく方がリスクが少ない
　第２案：成長が著しい千代田市に近い郊外に移転し、新しい顧客を開拓していき、心機一転をはかる
事業本部長の遠藤章悟は、まず現在の場所である駅前で継続していくときに、**蓮浦市に居住する女性**を主要なターゲットと考えた。そして、このターゲットの見直しについて、部内でブレーンストーミングを行った。

▶▶ 蓮浦市の女性に限って、もれなく、ダブリなく３つと４つに分類してみましょう。

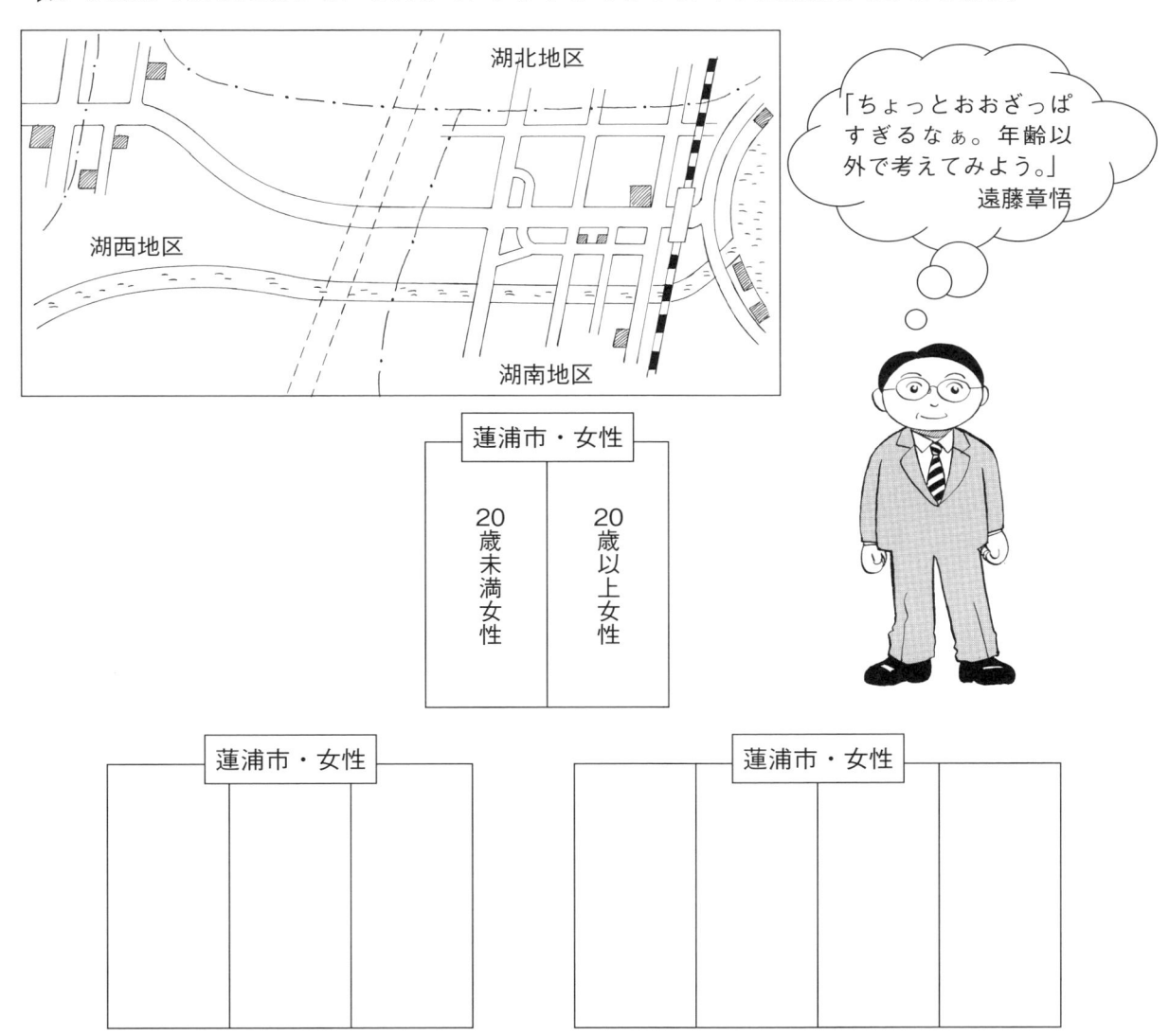

（地図：湖北地区、湖西地区、湖南地区）

「ちょっとおおざっぱすぎるなぁ。年齢以外で考えてみよう。」
遠藤章悟

蓮浦市・女性	
20歳未満女性	20歳以上女性

蓮浦市・女性		

蓮浦市・女性			

ワークシート 10.3　和菓子店の商品群を PPM で考えてみよう

　東山商店街の『栄心堂』は、創業 80 年の老舗(しにせ)和菓子店である。現在の店主の内川勇一は、3 代目である。伝統は大切と考えているが、新しい時代にあった和菓子店を模索中である。2 代目の内川勇にリニューアルのプランを提案して改装を許可してもらおうと研究中である。まず、主要な商品の位置づけは次のような状況である。

① バタークッキー「メイプル」：2 代目が考案した若者向けの菓子である。次第に売れ行きはよくなっているが、若者中心であり、お年寄りまでシェアは拡がらない。

②「三笠山」：和菓子の定番商品であり、これ以上の成長は見込めないが、贈答用として広く利用されており、売れ行きがよい。

③ 生クリーム入りカステラ「かすみ」：2 代目が考案した商品である。売れ行きがよくなってきており、今後の成長も期待できる。やわらかい食感とあっさりした味つけに、子どもからお年寄りまでシェアが拡大してきている。しかし、同種の商品は他店からも出てきており、激戦商品である。

④ 栗まんじゅう「老松」：創業者（初代）が開発した、小倉あんと栗が入った大きなまんじゅうである。昔からなじみの年配の客は買いにくるが、売り上げは高くない。若者にも人気がなく、今後の成長は見込めそうもない。

▶▶ これらの商品を PPM の考えに沿って、図解してみましょう。

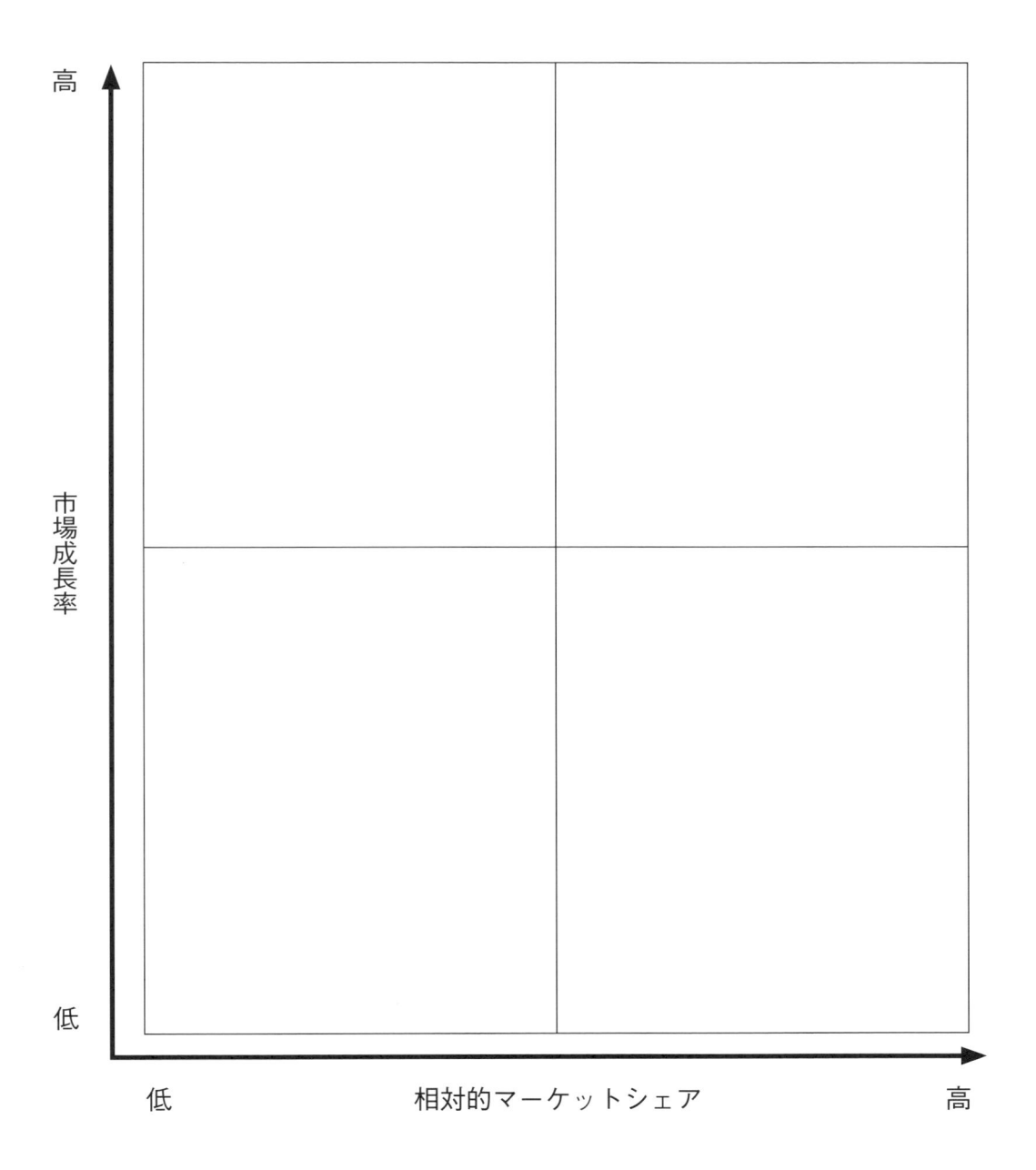

```
高 ↑
   │
市場│
成長│
率  │
   │
低  └─────────────────→
   低   相対的マーケットシェア   高
```

第11章

フレームワークシンキング②
― 枠組みの中で考える ―

keywords

枠組みで考える
思考のツール

第11章のねらい

思考をサポートするツールとして、いくつかの「考える枠組み」が開発されています。これらの枠組みを身につけると、思考のレパートリーが広がります。また、こうした道具を頭の中にそろえておくと問題解決がスムーズにできますし、応用もききます。

11.1 フレームワークシンキング

　本章では、今まで学んできた基礎的思考法とは違い、あらかじめ研究者や、実務家たちが考え出してきた思考の道具、いわば、思考の公式のようなものについて学習していきます。

　たとえば、プロの料理人はたくさんの包丁を持っています。材料によって使い分けています。野菜を切るときは菜切り包丁、肉には肉切り包丁、フルーツにはフルーツナイフなど、材料を切るのに最適な包丁を利用しています。フレームワークシンキングもこれと同じようなものです。

　問題に応じた、最適な思考のツールは、長年の経験の中でその切れ味が証明された優れたものです。そうした、優れた思考の道具を頭の中の道具箱に入れておくと、効率よく問題解決に取り組めることになります。また、これらを自分なりに改良してみる、適応範囲を広げてみる、あるいは組み合わせて活用してみるなど、思考のレパートリーも広がります。

　本章では、マーケティングや経営学でよく用いられているフレームワークを紹介します。「経済のない1日はない」というCMのキャッチフレーズがありましたが、経済はわたしたちの日常の暮らしに密着しています。ですから、わたしたちの身の回りの社会現象に応用できる範囲が広いと言えるでしょう。

　まず、単純ですが、応用範囲が広くわかりやすい、アンゾフという研究者の「製品・市場マトリックス」を紹介します。この手法は、製品と市場を古い・新しいという2次元で分類するものです。大きな方向性を決めるには大変役に立つ手法です。

　次に、「SWOT分析」について解説します。自社の置かれている環境を分析するのに広く使われている手法です。強み、弱み、機会（チャンス）、脅威の4象限で整理し、どのように次の展開を考えたらよいかを考えるツールとして有効です。これは、自分自身の人生設計に応用するようなことも行われています。この他にも、たくさんの優れたツールがあります。これらはどれもMECE（第10章）で考えられていると言ってよいでしょう。

図 11-1　素材に合わせて、包丁を選ぶ

11.2 製品・市場マトリックス

　経営学者のアンゾフは、「既存」と「新規」、「製品(サービス)」と「市場」の4つの分類によって、企業の成長の方向性について説明しました(図11-2)。これを製品・市場マトリックスといいます。アンゾフは、この4つの象限に適応する経営戦略を次のように示しました。

1. 既存市場に既存製品＝「市場浸透戦略」
　既存の製品で、既存の市場の中で成長していくためには、市場の占有率を高めていくことが必要です。そのためには、今まで以上に使用してもらい、買ってもらうことを考えなければなりません。
　ある食品メーカーが、化学調味料の使用量を増やすために、内キャップの穴を大きくしたという話があります。

2. 新市場に既存製品＝「新市場開拓戦略」
　既存の製品で、新しい市場を開拓する。若者向けの製品を中高年に広げたり、海外市場を開発したりするようなことがこれにあたります。ネスカフェが、純日本風のシーンのCMを展開するのは、緑茶の市場をコーヒー市場として開拓するためと言われています。

3. 既存市場に新製品＝「新製品開発戦略」
　既存の顧客に新しい製品を提供し、より多くの購入機会を与え、既存市場の成長をはかります。パソコンメーカーが周辺の機器を開発するような、関連市場での展開などを言います。

4. 新市場に新製品＝「多角化戦略」
　従来とは異なった分野へ進出することがこれにあたります。多角化には、「水平型多角化」(カメラメーカーが、デジタルカメラを生産する)、「垂直型多角化」(パソコンメーカーが、直接販売する)、「集中型多角化」(たばこメーカーが、バイオ技術を生かして健康食品開発)、「集成型多角化」(従来とは直接関連しない分野への参入：電機メーカーの銀行業務への進出)があります。

図 11-2 製品・市場マトリックス

	新製品（サービス）	既存製品（サービス）
新市場	未知のマーケット開拓 ＜多角化戦略＞	既存市場の掘り起こし ＜新市場開拓戦略＞
既存市場	新製品の開発 ＜新製品開発戦略＞	既存市場の維持 ＜市場浸透戦略＞

11.3 SWOT分析＝強み・弱み分析

　経営戦略を立てる場合、経営環境について、自社の状況と他社や外部の経営環境を知ることが大切です。自分を知り、相手を知ることは何より重要です。

　SWOT分析は、内部環境と外部環境の2軸でマトリックスを作成します。内部環境(自社の経営資源)は「強み」と「弱み」、外部環境は「機会(好影響)」「脅威(悪影響)」の尺度をとります。

1. 強み (Strength) ＝内部環境・・・自社の経営資源の強み
2. 弱み (Weakness) ＝内部環境・・・自社の経営資源の弱み
3. 機会 (Opportunity) ＝外部環境・・・政府の規制緩和など外部環境からのチャンス
4. 脅威 (Threat) ＝外部環境・・・環境規制の強化や競争相手の成長などの脅威となる阻害要因

　以上の4つの象限より、企業戦略を立案していきます。

A. 自社の強みを活用して、事業機会(チャンス)を生かすには、どのような方策があるか。
B. 自社の強みを活用して、脅威を回避するには、どのようにすればよいか。
C. 自社の弱みで、事業機会(チャンス)を喪失しないためには何が必要か。
D. 自社の弱みと脅威が重なって、最悪の事態を回避するための手だては何か。

　これも、PPMと同じように、経営戦略立案だけでなく広く応用して使われています。あなた自身の強み(語学力がある)、弱み(活動的でない)、そして、これからの人生に起こりそうなこと(大学での交換留学生募集、企業の厳選採用傾向)を考えて、ライフプランに役立てるといったような活用もできます。

図11-3 都内A女子大学のSWOT分析（強み・弱み分析）

強み
- 幼稚園、小学、中学、高校一環教育付属校がある
- 都心に近い立地条件
- 10年以上、市民講座開講＝地域住民の潜在需要
- 長い歴史（10万人以上卒業生）
- 建学の精神の「実学重視」は、他女子大学との差別化要因
- eラーニングの研究で先行

（女子限定）

弱み
- ▼ 全国的知名度はない
- ▼ 一般の女子大と同じ学部・学科構成 特色（オンリーワン）がない

機会
- ★ 女性のライフスタイルの変化 社会進出 キャリア
- ★ 政界もマドンナブーム
- ★ 実学志向強まる
- ★ インターネットインフラの普及
- ★ 団塊の世代300万人定年退職

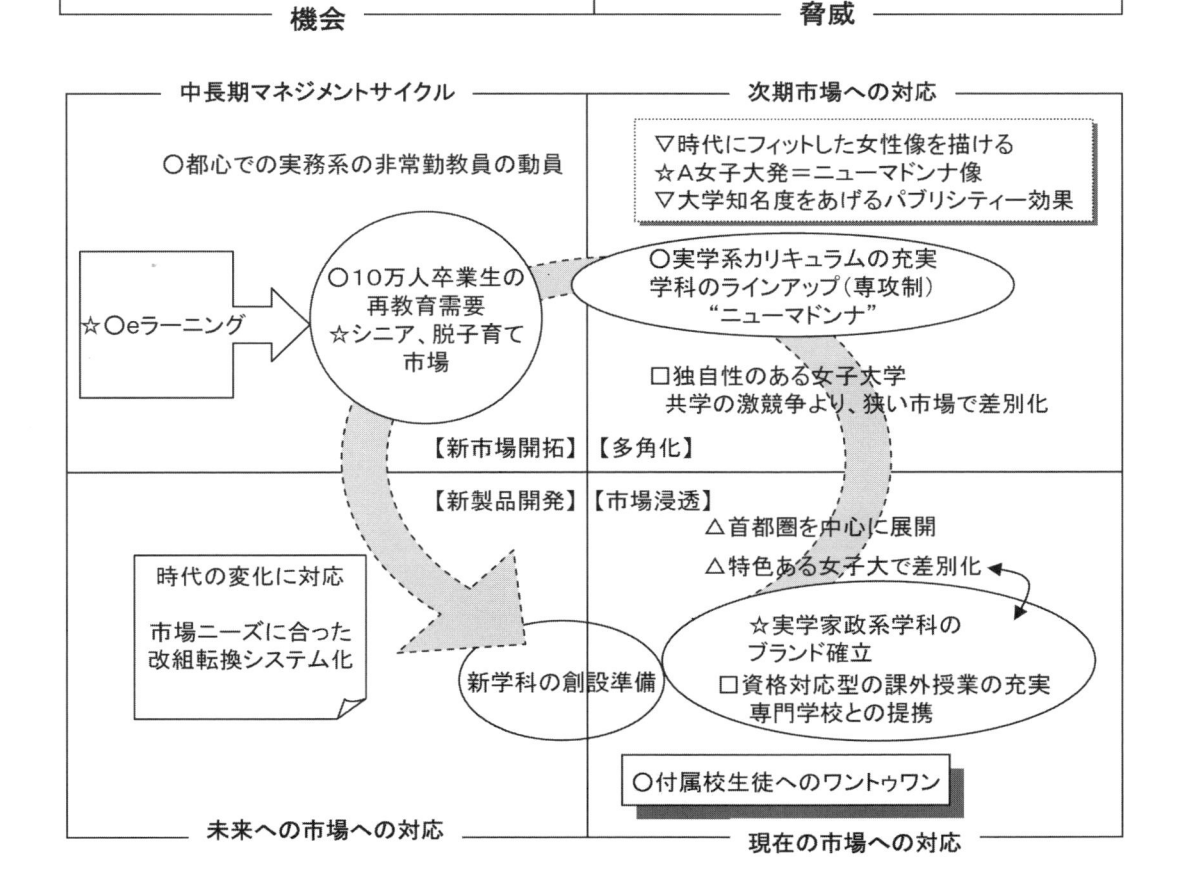

脅威
- ■ 男女共学志向強まる
- ■ 有名私立女子大の共学志向
- ■ 競合校が実学主義の展開
- ■ 資格志向＝専門学校人気

中長期マネジメントサイクル

○都心での実務系の非常勤教員の動員

☆○eラーニング

○10万人卒業生の再教育需要
☆シニア、脱子育て市場

時代の変化に対応
市場ニーズに合った改組転換システム化

新学科の創設準備

【新市場開拓】【多角化】
【新製品開発】【市場浸透】

次期市場への対応

▽ 時代にフィットした女性像を描ける
☆ A女子大発＝ニューマドンナ像
▽ 大学知名度をあげるパブリシティー効果

○実学系カリキュラムの充実
学科のラインアップ（専攻制）
"ニューマドンナ"

□独自性のある女子大学
共学の激競争より、狭い市場で差別化

△首都圏を中心に展開
△特色ある女子大で差別化

☆実学家政系学科のブランド確立
□資格対応型の課外授業の充実
専門学校との提携

○付属校生徒へのワントゥワン

未来への市場への対応　　現在の市場への対応

ワークシート 11.1　朝日デパート再生を成功させよう

> 朝日デパートの事業本部長の遠藤章悟は、自社が置かれている環境分析を SWOT 分析で行ってみた。本丸真帆と山田一郎とのブレーンストーミングで、自社の強み、弱みと自社を取り巻く市場環境の脅威、機会について次のような項目があげられた。

▶▶▶ 1. SWOT 分析のチャートに整理してみましょう。

- 地場の仕入先とは強固な関係
- 従業員と経営者は密接
- 地場の企業との長年の取引があり、融通がきく
- 地元特産の品目については、格安で仕入れが可能
- 経営不振による資金力低下
- 古参社員によるヒット商品買い付け能力の低下
- 情報分析力がなく、新規開拓に弊害
- 都市型ハイセンスデパート『丸越』が郊外に出店
- ホームセンター『DIY オカダ』と婦人服ディスカウントストア『てらさき』の新規開店
- 駅前再開発の計画あり
- 駅ビルができればにぎわいが戻る
- 地価の高騰により自社含み資産が増大

（強み）	（弱み）
（機会）	（脅威）

▶▶ 2. 作成したSWOT分析のチャートを見て、今後の朝日デパートの戦略を、「強みで機会を活用する」、「弱みで機会を逃さないようにする」、「弱みと脅威による最悪の事態への対策」、「脅威を回避する」といった視点から考えてみましょう。

（強みで機会を活用するには）	（弱みで機会を逃さないようにするには）
（強みで脅威を回避するには）	（弱みと脅威による最悪の事態への対策は）

ワークシート 11.2　栄心堂のリニューアルを成功させよう

> 栄心堂の3代目の内川勇一は、商品の位置づけについてPPMを使って分析して(ワークシート10.3)、店を発展させていくには新製品の開発が必要と感じた。彼は、自問した。「80年の歴史の中で、お客さんも変化していることは、商店街の通りを見ていてもわかる。それに、隣接する千代田市の発展はめざましい。大きな市場になるに違いない。」
>
> そこで、彼は蓮浦大学で習った、アンゾフの考えに沿って整理してみることにした。これを父親への説得材料につけ加えた。

▶▶ アンゾフ製品・市場マトリックスの考えに沿って、次の空いているマトリックスを埋めてみましょう。

	新しい商品	既存の商品
新しい市場	<　　　　　　　>	<千代田市の市場開拓> 千代田市に支店を開設し、積極的な広告で、千代田市での売り上げを上げる
既存の市場	<　　　　　　　>	<購買頻度を増やす> 栄心カードを発行し、たくさん買ってくれた顧客には、割引や商品引き替えの金券を発行する

THINKING

第12章

コンセプト年表発想法
― 過去の延長上に未来を描く ―

keywords

定性データ
時系列
先を読む

第12章のねらい

社会は常に変化しています。
したがって、社会情勢の変化を読み込み、
変化の延長上に未来を描くことの
できる能力が求められています。

12.1 定性情報の分析による現象予測
—情報優位戦略—

　1980年代当初から、企業の経営資源として、ヒト・モノ・カネの3大資源論に加えて情報の重要性が盛んに論議されるようになってきました。このことは、企業が共有する3大資源だけでは、競争を優位に導くことができないという認識となってきたことを示しています。

　したがって、競争優位の実現のためには、情報優位戦略を先行する必要があるでしょう。そしてこの考えは、企業経営の最優先課題として周知されるようになってきました。

　企業の最上位目的は「適正利潤」を上げることであり、そのために同業他社、あるいは新規参入企業より優位に立ち、利益を上げることが求められます。

　したがって、新規事業開発、新製品開発等々の新市場の開拓や既存事業・既存商品の見直し、効率化、生産性アップ、既存事業の強化・立て直しなどのプランを策定し、実行するといった企業活動をたえず行っているわけです。

　自社事業のポートフォリオ上のポジショニングを見極め、「花形」や、「金のなる木」で切磋琢磨するだけでなく、「問題児」への投資戦略などの市場予測、プラン立案も不可欠です(第10章)。

　しかし、企業の成長の過程をイメージできる具体的な方向性としては、新製品や新規事業の分野になるでしょう。スクラップ・アンド・ビルドのバランスの重心はビルドにあることが期待されます。

　そのためには、「現状を分析」し、「将来どうなるのかという予測」が重要になってきます。特に、市場ニーズや社会情勢の変化を予測することは競争優位に立つ上で最も重要な事項です。

　そして、競争に勝つためには、この市場ニーズや社会情勢を予測し、「あるべき姿」を描き出す能力を持つ人材が不可欠であると言っても過言ではないでしょう。これらを自社の力とするノウハウをシステマティックに蓄積できる仕組づくりが、さらなる競争優位戦略の立案には必要であることも忘れてはなりません。

図 12-1 情報優位と予測

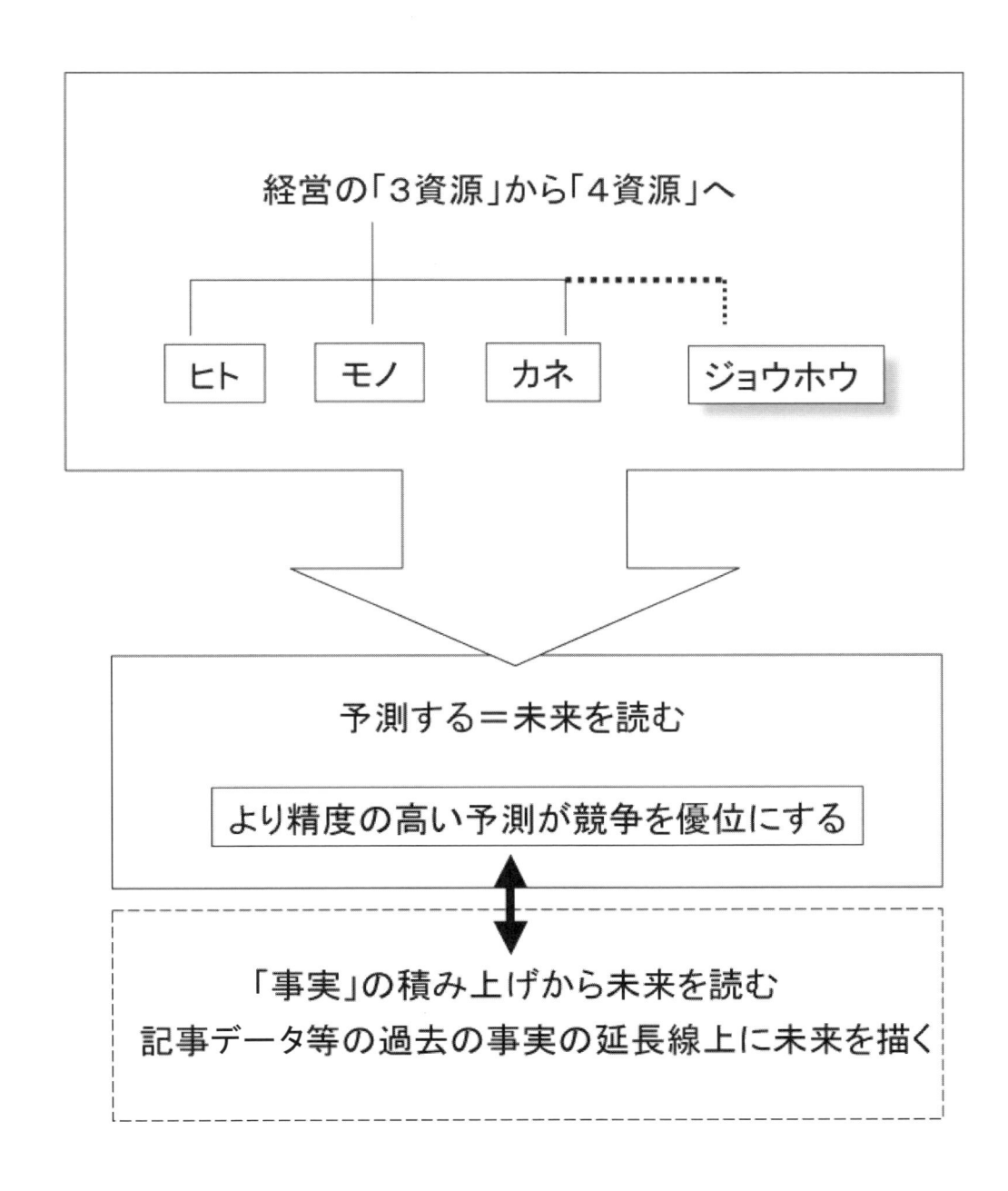

経営の「3資源」から「4資源」へ

- ヒト
- モノ
- カネ
- ジョウホウ

予測する＝未来を読む

より精度の高い予測が競争を優位にする

↕

「事実」の積み上げから未来を読む
記事データ等の過去の事実の延長線上に未来を描く

12.2 定性情報

　情報には、定性情報と定量情報の2種類があります。定量情報とは、数字データで、アンケート調査に代表されます。たとえば、

> 朝日デパートに「よく行く」と答えた人は40％。その理由として、「親しみがある」をあげた人は50％であった。

といった記述で表されます。定量情報は、全体の傾向などトレンド発見には優れています。

　一方、定性情報は、新聞や雑誌などの記事データやインタビューなど文字データをさします。たとえば、

> 蓮浦市にある医療福祉専門学校の学生に、朝日デパートの感想を聞いた。Aさんは、「あまり買ったことはない。なぜなら、商品のセンスが古いから。時間はかかるけど、丸越デパートか都心まで出かける」と話した。Bさんは、「たまに行くけど、買う物は親に頼まれたものくらい。若い人向けのブランドがないから。でも、店員はとても親切で、好きなブランドさえあれば、近くて便利なのだけど・・・」と話している。

といったように記述されます。定性情報は、個別の事実を詳細に知ることについて優れています。数字にはあらわれてこないヒントや新しいアイデアなど、将来は重要になりそうな情報が潜んでいます。

　コンセプト年表発想法は、主に新聞記事のデータベースを用います。これらは、小説などの架空の情報でなく、事実データです。自分の代わりに、何年にもわたって何人かの記者が取材してくれたと考えるとわかりやすいでしょう。コンセプト年表発想法は、定量情報と定性情報の両方の利点を融合させて、大きな潮流から、将来に結びつくヒントやアイデアを導き出す手法です。

　事実を積み上げることによって、共通する大きな社会現象のコンセプトが読みとれます（＝森を見る）。そして、それらのコンセプトを時系列で眺めていくと、社会現象の関係が読み解かれてきます。次に、それらの延長上の現在が、どのような状況にあるのかが見えてきます（＝木を見る）。さらに、足下にある直近の現象群から、将来どのようなことが起こりそうか（＝種）を拾い上げ、新しい芽生えを発見していく手法です。

図 12-2 未来予測のための データ（ベース）の位置づけ

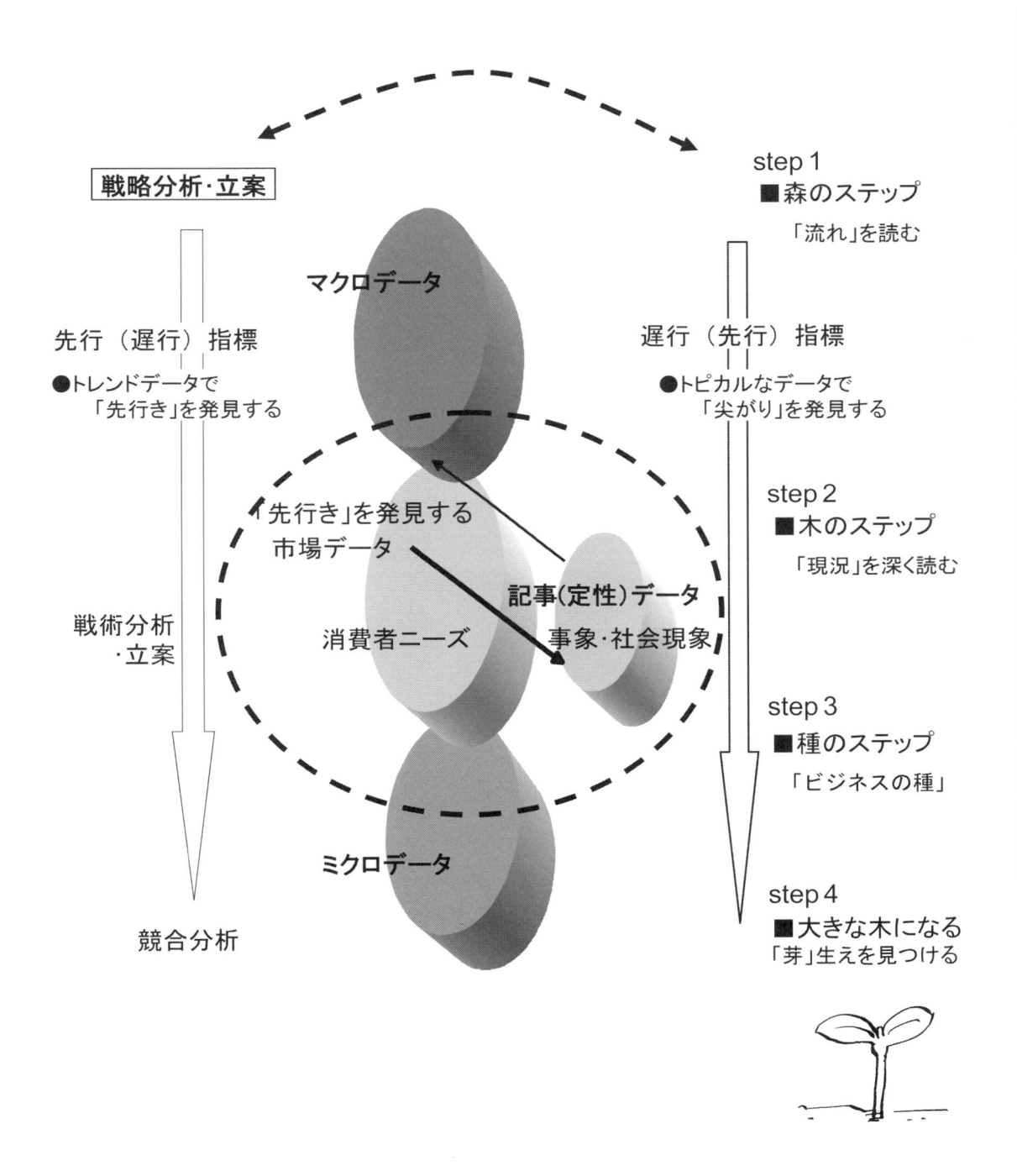

戦略分析・立案

先行（遅行）指標
- トレンドデータで「先行き」を発見する

戦術分析・立案

競合分析

マクロデータ

「先行き」を発見する
市場データ
消費者ニーズ
記事（定性）データ
事象・社会現象

ミクロデータ

step 1
■ 森のステップ
「流れ」を読む

遅行（先行）指標
- トピカルなデータで「尖がり」を発見する

step 2
■ 木のステップ
「現況」を深く読む

step 3
■ 種のステップ
「ビジネスの種」

step 4
■ 大きな木になる
「芽」生えを見つける

12.3 コンセプト年表の作成方法

　具体的にコンセプト年表の作成について、順を追って説明していきましょう。まず、新聞や雑誌の記事データベースを検索し、アウトプットする準備が必要です。

　この段階では、何のために（＝目的）、どのようなキーワードを用いるかに注意して、準備にかかることが大切です。

　作成手順は以下のとおりです。

1) テーマの解題（テーマを分解してみる）
2) アウトプットの大まかなイメージの確認【どんな年表を作るのか】
3) テーマに適切なキーワード（KW）の選定（キーワードのリストアップ）

```
                    【チェック・ループ】
  ［チェック①］
              記事件数、記事内容
  ［チェック②］
              記事の検討（グループならディスカッションなどが有効）
  ［チェック③］
              KWの追加。記事内容から新たなKWを類推
  ［チェック④］
              記事データ量の調整（多すぎず、少なすぎず）
```

4) データの読み起こし（グループなら担当割り振り）
5) 読みこなし、内容の検討（ディスカッション）
6) 年表のイメージとのすり合わせ【どんな方向性や芽を見つけるか】
7) 記事データを大型付箋紙に貼る（分類ごとに色分けすると効率的）
8) 類似の記事をまとめてコンセプト見出しをつける
9) 関係線などで、因果関係、時系列、関係の強さなどを記入
10) 森→木→（花→実）→種→芽の時系列のストーリー性の確認
11) タイトル・単位・出典・色分類など、全体のビジュアルの確認（マクロ統計データ、定量データで補強すると説明力が増す）
12) コンセプト年表による文章化
　　【潮流は、トレンドのベクトルは、分岐点は、未来の商品・事業コンセプトの萌芽は…】

図 12-3 事象年表・コンセプト年表の概念図

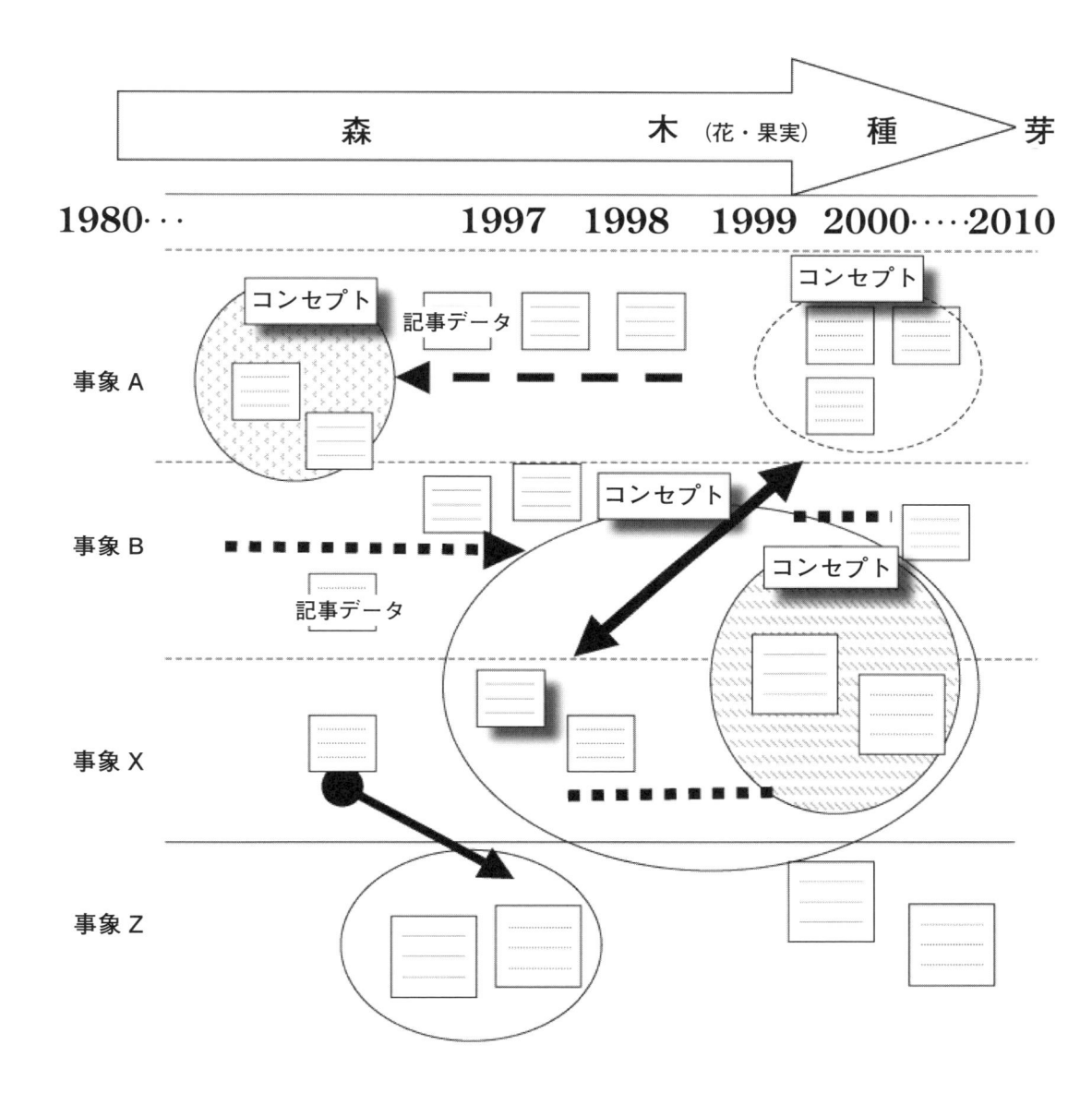

森　　　　　　木（花・果実）　種　　芽

1980··· 　　　1997　1998　1999　2000····2010

事象A

事象B

事象X

事象Z

コンセプト／記事データ

図 12-4　事例 1 〜リラクリゼーション・ビジネス

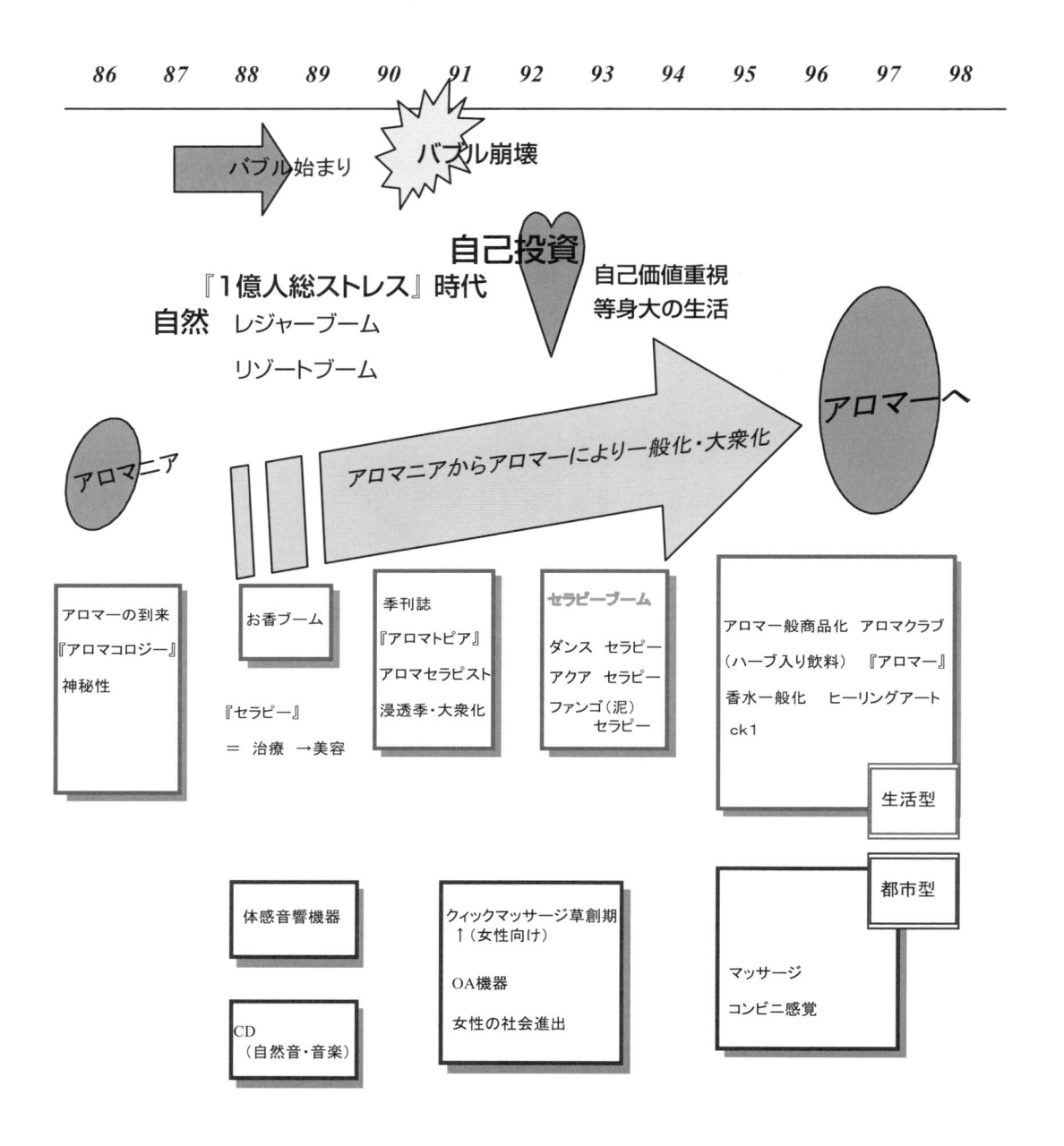

```
  86   87   88   89   90   91   92   93   94   95   96   97   98
```

→ バブル始まり　　バブル崩壊

自己投資

自己価値重視
等身大の生活

『1億人総ストレス』時代

自然　レジャーブーム
　　　リゾートブーム

アロマニア　　→　アロマニアからアロマーにより一般化・大衆化　→　アロマーへ

アロマーの到来
『アロマコロジー』
神秘性

お香ブーム

『セラピー』
＝ 治療 →美容

季刊誌
『アロマトピア』
アロマセラピスト
浸透季・大衆化

セラピーブーム
ダンス セラピー
アクア セラピー
ファンゴ（泥）
　　セラピー

アロマー般商品化　アロマクラブ
（ハーブ入り飲料）　『アロマー』
香水一般化　ヒーリングアート
ck1

生活型

都市型

体感音響機器

CD
（自然音・音楽）

クィックマッサージ草創期
↑（女性向け）
OA機器
女性の社会進出

マッサージ
コンビニ感覚

※本章の事例については、関西国際大学、（株）日経リサーチにおける研修成果をもとに作成した。

図 12-5　事例 2 〜地域振興政策

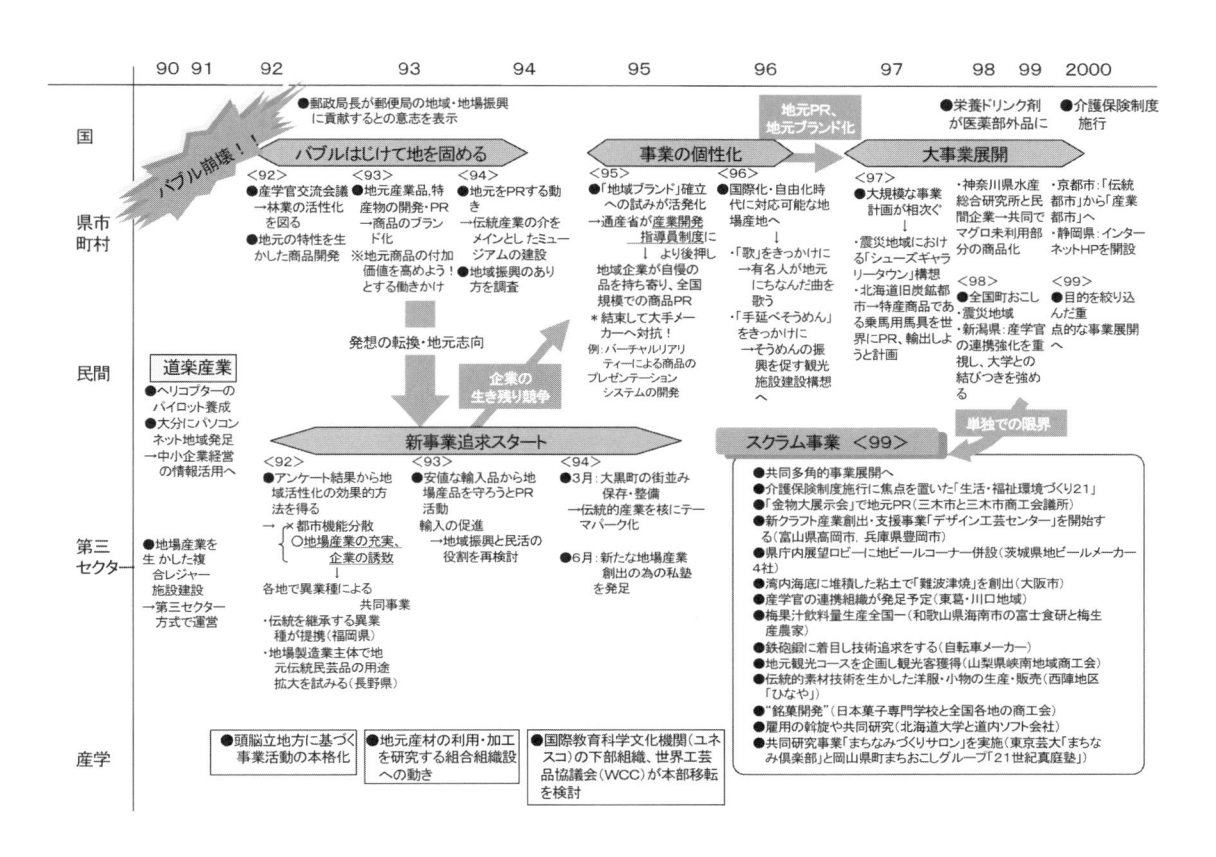

	90	91	92	93	94	95	96	97	98	99	2000
国								●郵政局長が郵便局の地域・地場振興に貢献するとの意志を表示		●栄養ドリンク剤が医薬部外品に	●介護保険制度施行

バブル崩壊！！ → **バブルはじけて地を固める** → **事業の個性化** → (地元PR、地元ブランド化) → **大事業展開**

県市町村

<92>
●産学官交流会議
→林業の活性化を図る
●地元の特性を生かした商品開発

<93>
●地元産業品、特産物の開発・PR
→商品のブランド化
※地元商品の付加価値を高めよう！とする働きかけ

<94>
●地元をPRする動き
→伝統産業の介をメインとしたミュージアムの建設
→地域振興のあり方を調査

<95>
●「地域ブランド」確立への試みが活発化
・通産省が産業開発指導員制度による後押し
　地域企業が自慢の品を持ち寄り、全国規模での商品PR
＊結束して大手メーカーへ対抗！
例：バーチャルリアリティーによる商品のプレゼンテーションシステムの開発

<96>
●国際化・自由化時代に対応可能な地場産地へ
・「歌」をきっかけに
→有名人が地元にちなんだ曲を歌う
・「手延べそうめん」をきっかけに
→そうめんの振興を促す観光施設建設構想へ

<97>
●大規模な事業計画が相次ぐ
↓
・震災地域における「シューズギャラリータウン」構想
・北海道旧炭鉱都市→特産商品である乗馬用馬具を世界にPR、輸出しようと計画

<98>
・全国町おこし
・震災地域
・新潟県：産学官の連携強化を重視、大学との結びつきを強める

<99>
●目的を絞り込んだ重点的な事業展開へ

・神奈川県水産総合研究所と民間企業一共同でマグロ未利用部分の商品化
・京都市：「伝統都市」から「産業都市」へ
・静岡県：インターネットHPを開設

民間

道楽産業
●ヘリコプターのパイロット養成
●大分にパソコンネット地域発足
→中小企業経営の情報活用へ

企業の生き残り競争

→ **新事業追求スタート**

発想の転換・地元志向

<92>
●アンケート結果から地域活性化の効果的方法を得る
→ 都市機能分散
○地場産業の充実、企業の誘致
各地で異業種による共同事業
・伝統を継承する異業種が提携（福岡県）
・地場製造業主体で地元伝統民芸品の用途拡大を試みる（長野県）

<93>
●安価な輸入品から地場産品を守ろうとPR活動
→輸入の促進
→地域振興と民活の役割を再検討

<94>
3月：大黒町の街並み保存・整備
→伝統産業を核にテーマパーク化
6月：新たな地場産業創出の為の私塾を発足

単独での限界

→ **スクラム事業 <99>**

●共同多角的事業展開へ
●介護保険制度施行に焦点を置いた「生活・福祉環境づくり21」
●「金物大展示会」で地元PR（三木市と三木市商工会議所）
●新クラフト産業創出・支援事業「デザイン工芸センター」を開設する（富山県高岡市、兵庫県豊岡市）
●県庁内展望ロビーに地ビールコーナー併設（茨城県地ビールメーカー4社）
●湾内海底に堆積した粘土で「難波津焼」を創出（大阪市）
●産学官の連携組織が発足予定（東葛・川口地域）
●梅果汁飲料量生産全国一（和歌山県海南市の富士食研と梅生産農家）
●鉄砲鍛に着目し技術追求をする（自転車メーカー）
●地元観光コースを企画し観光客獲得（山梨県峡南地域商工会）
●伝統的素材技術を生かした洋服・小物の生産・販売（西陣地区「ひなや」）
●"銘菓開発"（日本菓子専門学校と全国各地の商工会）
●雇用の斡旋や共同研究（北海道大学と道内ソフト会社）
●共同研究事業「まちなみづくりサロン」を実施（東京芸大「まちなみ倶楽部」と岡山県町まちおこしグループ「21世紀真庭塾」）

第三セクター

●地場産業を生かした複合レジャー施設建設
→第三セクター方式で運営

産学

●頭脳立地方に基づく事業活動の本格化
●地元産材の利用・加工を研究する組合組織設立への動き
●国際教育科学文化機関（ユネスコ）の下部組織、世界工芸品協議会（WCC）が本部移転を検討

ワークシート 12.1　新生朝日デパートはどんなブランドを仕入れるか

朝日デパートでは、市街地に残るにしても、また郊外に移転するにしても、外装や内装のリニューアルはもちろん、商品についても大幅に見直すことが不可欠と考えている。そこで、海外の高級ブランドを導入し、イメージを一新することを、遠藤本部長は役員会に提案した。マーケティング専門会社の「プランドゥ」の舘野浩に依頼し、高級ブランドの傾向と今後の方向性についてのレポートを依頼した。舘野は、新聞記事のデータベースを活用して、年表を作成した。

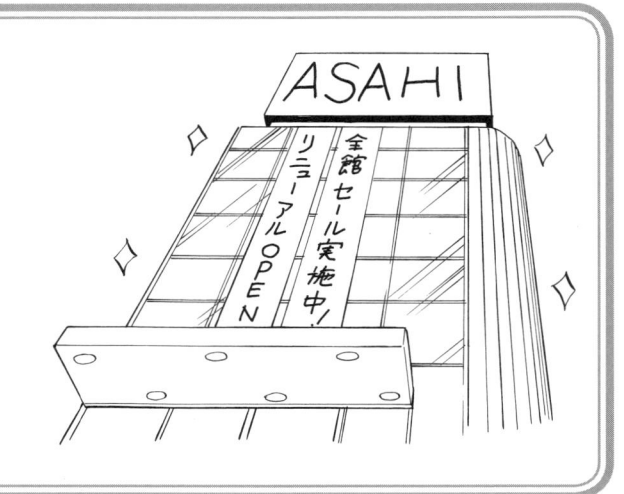

▶▶ 次の年代ごとの記事データを、海外高級ブランドの国内進出の流れに適切に並べ替えて、年表を完成させてみましょう。

プールバーが続々と登場(87)	ボディコン(87)	欧州系クチュールブランド人気高まる(87)		
ハナコ族出現(88)	アメカジ(88)	欧米ファッションブランド日本に進出(88)		
<流行語1> ・24時間戦えますか ・おたく(89)	<流行語2> ・オタク・セクハラ ・オバタリアン(89)	「渋カジ」(渋谷カジュアル)ファッション(89)	DCブランド、海外ブランド人気が高まる(89)	
<流行語> ・おやじギャル ・ファジー(90)	■ゆとり志向 ■グルメ志向(90)	「紀子さま」ファッション(90)	「イケイケ（ギャル）」ファッション(90)	インポートブランド群の格差拡大(90)
「エコロジー」ファッション(91)	インポートブランドブーム失速(91)	【3J】 ・Jリーグ ・ジュラシックパーク ・ジュリアナ東京(92)	アウトレットショップの台頭(92)	ルーズソックス(94)
■プリクラ ■エアマックス(95)	スノーボーダーファッション(95)	ブランド第2次ブーム(95)		
フジTV「ロングバケーション」大ヒット(96)	■ナマ足 ■たまごっち(97)	ワインブーム(98)		

■海外高級ブランドの国内進出の流れ（事例）

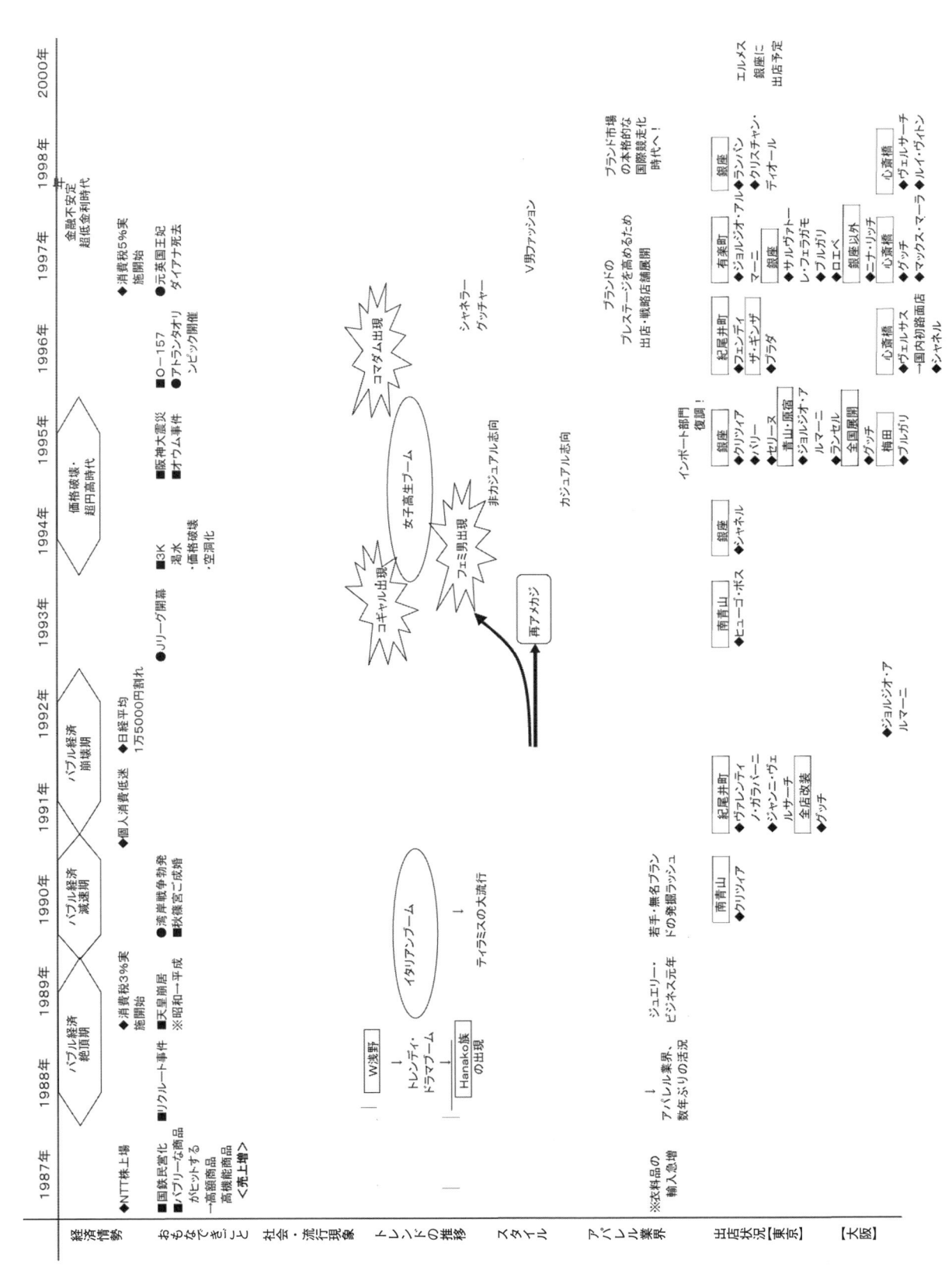

	1987年	1988年	1989年	1990年	1991年	1992年	1993年	1994年	1995年	1996年	1997年	1998年	2000年
経済情勢		バブル経済 絶頂期	バブル経済 減速期		バブル経済 崩壊期			価格破壊・超円高時代			金融不安定 超低金利時代		
おもなできごと	●NTT株上場	●リクルート事件	●消費税3%実施開始 ●天皇崩御 ※昭和→平成	●湾岸戦争勃発 ●流通戦争勃発 ●秋篠宮ご成婚	●個人消費低迷	◆日経平均 1万5000円割れ	●Jリーグ開幕	■3K 湯水 価格破壊 空洞化	■阪神大震災 ■オウム事件	■O-157 ●アトランタオリンピック開催	●消費税5%実施 ●元英国王妃ダイアナ死去		
	●国鉄民営化 ●バブリーな商品 がヒットする <売上増> —高額商品 —高機能商品												
社会・流行現象		W浅野↓ トレンディ ドラマブーム Hanako版 の出現		イタリアンブーム ティラミスの大流行					コギャル出現 フェミ男出現	コマダム出現 女子高生ブーム 再アメカジ	シャネラー グッチャー V男ファッション		
トレンドの推移								非カジュアル志向					
スタイル							カジュアル志向						
アパレル業界	浴衣料品の輸入急増	ジュエリー、ビジネス元年 若手・無名ブランドの発掘ラッシュ アパレル業界、数年ぶりの活況					ジョルジオ・アルマーニ		インポート部門 復調！	ブランドのプレステージを高めるための出店・戦略店舗展開	ブランド市場の本格的な国際競走時代へ！		
出店状況【東京】				南青山 ◆クリツィア	紀尾井町 ◆ヴァレンティノ・ガラバーニ ◆ジャンニ・ヴェルサーチ ◆全店改装 ◆グッチ		南青山 ◆ヒューゴ・ボス	銀座 ◆ジャネル	銀座 ◆クリツィア ◆バリー 青山・原宿 ◆ジョルジオ アルマーニ ルーフェセール ◆全国展開 ◆グッチ 梅田 ◆ブルガリ	紀尾井町 ◆フェンディ ◆ザ・ギンザ ◆プラダ	有楽町 ◆ジョルジオ アルマーニ ◆サルヴァトーレ フェラガモ ◆ブルガリ 銀座以外 ◆ニナ・リッチ	銀座 ◆ジョルジオ アルマーニ クリスチャン ディオール 心斎橋 ◆ヴェルサーチ ◆グッチ ◆マックス・マーラ	エルメス銀座に出店予定
【大阪】										心斎橋 ◆ヴェルサーチ —国内初路面店— ◆シャネル		心斎橋 ◆ヴェルサーチ ◆ルイ・ヴィトン	

参考文献

　思考法に関する書籍は近年かなり多くのものが出版されていますが、ここでは、本書を執筆するにあたって参考にしたものを中心に提示します。
　まず、すぐに読める文庫版あるいは新書版と、じっくり勉強したい人向けの単行本に大きく分け、それぞれ〈思考の基本に関するもの〉、〈マーケティングに関するもの〉、〈社会人向けの思考法の本〉、〈学生向けの思考法の本〉に分類しています。
　また、本書の執筆にあたり文書データとして利用させて頂いた本を提示しています。

■ 新書・文庫版 —すぐに読みたい人のために— ■ ・・・・・・・・・・・

〈思考に関する基本的な知識を身につけるために〉
 1) 安西祐一郎，問題解決の心理学，中央公論社，1985，中公新書
 2) 板坂元，続考える技術・書く技術，講談社，1977，講談社現代新書
 3) 梶井厚志，戦略的思考の技術，中央公論新社，2002，中公新書
 4) 小林秀雄，考えるヒント2，文藝春秋，1975，文春文庫
 5) 沢田允茂，考え方の論理，講談社，1976，講談社学術文庫
 6) 中島一，意思決定入門，日本経済新聞社，1990，日経文庫
 7) 橋本治，「わからない」という方法，集英社，2001，集英社新書

〈マーケティングに関する基本的な知識を身につけるために〉
 8) 水口健次，マーケティング戦略の実際，日本経済新聞社，1998，日経文庫
 9) 田村正紀，マーケティングの知識，日本経済新聞社，1998，日経文庫

〈主に社会人向けの思考法に関する本〉
 10) 飯田英明，「図解表現」入門，日本経済新聞社，1996，日経文庫
 11) グローバルタスクフォース（株），通勤大学MBA1 マネジメント，総合法令出版，2002，通勤大学文庫
 12) グローバルタスクフォース（株），通勤大学MBA3 クリティカルシンキング，総合法令出版，2002，通勤大学文庫
 13) グローバルタスクフォース（株），通勤大学MBA8［Q&A］ケーススタディ，総合法令出版，2003，通勤大学文庫
 14) グローバルタスクフォース（株），通勤大学実践MBA 店舗経営，総合法令出版，2004，通勤大学文庫
 15) 中山正和，創造思考の技術，講談社，1979，講談社現代新書
 16) 久恒啓一，図解仕事人，光文社，2001，光文社新書

〈主に学生向けの思考法に関する本〉
17) 川喜田二郎，発想法，中央公論社，1967，中公新書
18) 川喜田二郎，続・発想法，中央公論社，1970，中公新書
19) 星野匡，発想法入門＜第2版＞，日本経済新聞社，1997，日経文庫
20) 松岡正剛，知の編集術，講談社，2000，講談社現代新書
21) 山下正雄，論理的に考えること，岩波書店，1985，岩波ジュニア新書

■ 単行本 —もっと勉強したい人のために— ■

〈思考に関して基本的な知識を身につけるために〉
22) ウェスリー・C・サモン(訳 山下正男)，哲学の世界1 論理学，培風館，1967
23) ジェラルド・ナドラー，日比野省三(訳 佐々木元)，ブレイクスルー思考，ダイヤモンド社，1991
24) ジェラルド・ナドラー，日比野省三(訳 海辺不二雄)，新ブレイクスルー思考，ダイヤモンド社，1997
25) 波頭亮，思考・論理・分析—「正しく考え、正しく分かること」の理論と実践—，産業能率大学出版部，2004
26) J・M・ボヘンスキー(訳 國嶋一則)，現代の思考法—分析哲学入門—，勁草書房，1961
27) バーバラ・ミント(訳 山崎康司)，考える技術・書く技術，ダイヤモンド社，1995
28) 鷲田小彌太，自分の考え整理法，PHP研究所，1996

〈マーケティングに関する基本的な知識を身につけるために〉
29) フィリップ・コトラー、フェルナンド・トリアス・デ・ベス(監訳 恩藏直人、訳 大川修二)，コトラーのマーケティング思考法，東洋経済新報社，2004
30) 須藤実和，実況LIVEマーケティング実践講座，ダイヤモンド社，2005
31) 玉城芳治，マーケティング分析，同友館，1990

〈主に社会人向けの思考法に関する本〉
32) 後 正武，意思決定のための「分析技術」，ダイヤモンド社，1998
33) グロービス・マネジメント・インスティテュート，MBAクリティカル・シンキング，ダイヤモンド社，2001
34) コンラッド・ヘロウド(訳 山本泉)，イノベーティブ・シンキング，ダイヤモンド社，2001
35) 齋藤嘉則，問題発見プロフェッショナル「思考と技術」，ダイヤモンド社，1997
36) 齋藤嘉則，問題発見プロフェッショナル「構想力と分析力」，ダイヤモンド社，2001
37) 照屋華子，岡田恵子，ロジカル・シンキング，東洋経済新報社，2001
38) 中山正和，＜増補版＞NM法のすべて，産業能率大学出版部，1980
39) 中山正和，創造性開発の原理・原則，総合法令出版，1993

40) 西村克己，図解する思考法，日本実業出版社，2002
41) 久恒啓一，図で考える人は仕事ができる，日本経済新聞社，2002
42) 富士ゼロックス ドキュメントマネージメント推進室 編，プレゼンテーションの説得技法，日本経済新聞社，1989
43) 堀公俊，問題解決ファシリテーター，東洋経済新報社，2003
44) 鷲田小彌太，自分で考える技術，PHP 研究所，1993

〈主に学生向けの思考法に関する本〉
45) 東千秋、柴山盛生、遠山紘司，問題解決の発想と表現，放送大学教育振興会，2004
46) 川喜田二郎，川喜田二郎著作集第 4 巻 発想法の科学，中央公論社，1995
47) 川喜田二郎，川喜田二郎著作集第 5 巻 KJ 法―混沌をして語らしめる，中央公論社，1996
48) 高橋誠，速攻！ビジネス発想法，日本経済新聞社，2004
49) 高橋誠 編著，新編創造力事典，日科技連出版社，2002
50) 鷲田小彌太，分かる使える 思考法事典，すばる舎，2003

■ **本書で利用した文章データなど** ■ ・・・・・・・・・・・・・・・・・

51) 高橋誠，問題解決手法の知識，日本経済新聞社，1984，日経文庫
52) 竹田茂生，企業生命力の考察，関西国際大学地域研究所研究叢書，2004
53) 知的生産の技術研究会，図解でできる企画とプレゼンの方法，日本実業出版社，1991
54) 日本盛株式会社，日本盛物語―ニホンサカリはよいお酒，文芸社，2001
55) 野口智雄，ビジュアルマーケティングの基本，日本経済新聞社，1994，日経文庫

索引

あ
ありうる可能性 42
アンゾフ 112, 114

い
一面的思考 14
因果関係 36

え
NM法 94
演繹法 26

お
大骨 86

か
カード型ブレーンストーミング法 74
蓋然性 30
価値観の相違 18
金のなる木 104
関係線 46

き
キーワード 94
機会 116
疑似相関 36
期待と現状 100
帰納法 30
帰納法的推論 32
QA 94
QC 94
QB 94
脅威 116
共通要素を抽出 82

く
空間的に配置 46
グルーピング 82

け
系統図 60, 64

こ
構成要素の理解 46
構造の理解 46
小骨 86
コンセプト年表 126

し
市場成長率 104
質よりも量 70
社会型問題 100
収束型思考法 82
自由奔放 70
情報優位戦略 122

す
SWOT分析 112, 116
図解理解 46

せ
製品・市場マトリックス 112
背骨 86
ゼロベース 102

そ
相関関係 36
創造的解題 100
創造的問題 4, 100
相対的マーケットシェア 104

た
ダブリ 102

多面的思考 12, 20

ち
チェック・ループ 126

つ
強み 116

て
定性情報 124
定量情報 124

と
特性要因図法 86

に
二面性 14
二面的思考 14

は
発散型思考法 70
花型 104

ひ
必然性 30
108のアイデア 76
表札 84

ふ
フィッシュボーン 86
ブレイクスルー思考 2
ブレーンストーミング法 72, 82
ブレーンライティング法 76
フローチャート 62

ほ
ポートフォリオ分析 104
ポジショニング・マップ 64

ま
負け犬 104
マッキンゼー 102

み
MECE 102
未来予測 42

も
モレ 102
問題児 104
問題発見技法 86

よ
弱み 116

る
類比型思考法 92

れ
連関図 60

ろ
論理的な関係 26

■ 著者紹介 ■

（執筆者　＊編著者）

＊竹田茂生

担当：第1章、第5章、第10章、第11章、第12章、全章のワークシート

略歴：上智大学文学部社会学科卒、(株)日経リサーチ調査研究部長、関西国際大学人間科学部教授を経て、地域創生研究所所長。専攻は市場調査法、消費者行動学、マーケティング論等。日本創造学会著作賞(2007)、実践経営学会賞(2012)を受賞。2017年逝去。

主著・論文：

『ゼロからの統計学―使えるシーンが見える』（くろしお出版 2010，共著）

『夢をかなえるキャリアデザイン』（くろしお出版 2011，編著）

『老舗企業の研究―100年企業に学ぶ革新と創造の連続』（生産性出版 2012，共著）

『リサーチ入門―知的な論文・レポートのための』（くろしお出版 2013，共著）

＊藤木　清（kfujiki@kuins.ac.jp）

担当：第6章、第7章、第8章、全章のワークシート

略歴：関西学院大学大学院商学研究科博士課程後期課程単位取得満期退学。現在、関西国際大学基盤教育機構教授。専攻は統計学。

主著・論文：

『ゼロからの統計学―使えるシーンが見える』（くろしお出版 2010，共著）

『夢をかなえるキャリアデザイン』（くろしお出版 2011，編著）

『リサーチ入門―知的な論文・レポートのための』（くろしお出版 2013，共著）

『知へのステップ 第4版』（くろしお出版 2015，共著）

佐藤広志（sato@kuins.ac.jp）

担当：第2章、第3章、第4章

略歴：広島大学大学教育研究センター、大学入試センター研究開発部を経て、現在、関西国際大学人間科学部教授。専攻は教育社会学。

主著・論文：

「高校生・大学生の学習技術と学習特性」（関西国際大学高等教育研究叢書 2003）

「学習技術・習慣を身につける」（アエラムック勉強のやり方がわかる，朝日新聞社 2004）

飯島有美子（iijima@kuins.ac.jp）

担当：第9章

略歴：桜美林大学大学院国際学研究科博士前期課程国際関係専攻修了。サム教育学院、関西国際大学人間科学部准教授を経て、現在、同大学別科准教授。専攻は日本語教育。

主著・論文：

「大学と地域の協働による地域日本語教育の充実：尼崎地域のボランティア日本語教室の現状と特徴を踏まえて」（日本福祉教育・ボランティア学習学会 2012）

「大学におけるサービスラーニング活動としての『やさしい日本語』を使った読み物の制作―在留外国人との共生社会の実現のために」（国際行動学会 2014）

[大学生と新社会人のための]
知のワークブック

2006年 3月 9日　第1刷発行
2022年 9月28日　第9刷発行

編者	竹田茂生・藤木 清
発行人	岡野秀夫
発行所	株式会社 くろしお出版 〒102-0084　東京都千代田区二番町4-3 TEL 03-6261-2867　FAX 03-6261-2879 URL http://www.9640.jp E-mail kurosio@9640.jp
印刷所	株式会社 三秀舎
装丁	折原カズヒロ
装丁イラスト	坂木浩子
本文イラスト	石川俊樹
本文デザイン	市川麻里子
編集・担当	斉藤章明

© Shigeo Takeda, Kiyoshi Fujiki 2006, Printed in Japan

ISBN978-4-87424-341-1 C1030

● 乱丁・落丁はおとりかえいたします。本書の無断転載・複製を禁じます。

スタディ・スキルズ関連テキスト

アカデミックとビジネスの両分野で活用
この一冊で一貫した調査スキルが習得できる！

知的な論文・レポートのための
リサーチ入門

竹田茂生・藤木清 著

A5判　192頁　￥1,800 ＋税
978-4-87424-598-9　2013 年 10 月刊行

目次

- 第1章　科学的方法
- 第2章　データの種類と尺度
- 第3章　調査の基本概念
- 第4章　観察調査の基礎
- 第5章　ミステリーショッパーの実施
- 第6章　観察調査結果の分析と報告
- 第7章　インタビュー調査
- 第8章　質問紙調査の基礎
- 第9章　質問紙調査の実施
- 第10章　データ分析（1）
- 第11章　データ分析（2）
- 第12章　報告書・レポートの作成
- 補章　Excel による集計と分析

●提出用ワークシート付（切り離し可）

アンケートやインタビューで多くのデータを集めて分析する「調査」は、ビジネスプレゼン・研究論文に説得力を持たせるためには不可欠。「調査」の基礎を社会調査とマーケティングリサーチ双方の視点からやさしく解説。授業の教科書としても、独習用の参考書としてもお勧めの一冊。親しみをもって内容に入っていける導入シナリオ・切り離して提出できるミシン線付きワークシートも付属。

スタディ・スキルズ関連テキスト

相手に伝わる、効果的かつ魅力的な文章をかけるようになろう！

Good Writing へのパスポート
読み手と構成を意識した日本語ライティング

田中真理・阿部新 著

B5判　192頁　￥2,000＋税　978-4-87424-618-4　2014年6月刊行

ライティング研究の成果を取り入れ、日本語で、形式面でも内容面でも効果的かつ魅力的な文章が書けることを目指した「日本語表現法」テキスト。初年次教育・文章執筆演習などに最適。
- ●タスク・練習問題付で実践的に学べる
- ●評価基準表・チェックシート・文章構成要素一覧付

「大学での勉強のしかたがわからない！」そんな読者の方に！

知へのステップ　第5版
大学生からのスタディ・スキルズ

学習技術研究会 編

B5判　222頁　￥1,800＋税　978-4-87424-789-1　2019年3月刊行

「大学での勉強の仕方がわかる」と支持を受け続ける、大学1年生の必携書籍。第4版を、Windows 10、Microsoft Office 2016 に対応させて改訂。ダウンロードデータ有。

ご採用の先生には　教授資料有り

スタディ・スキルズ関連テキスト

知のナヴィゲーター
情報と知識の海－現代を航海するための

中澤務/森貴史/本村康哲[編]　B5判　￥1,800＋税　978-4-87424-372-5

『知へのステップ』に続く、総合的なスタディ・スキル習得書。リテラシー（読み書き能力）の育成の他、コミュニケーション能力の養成も柱に掲げ、ディスカッションやディベートまで大学教育に必要なスキルとして詳説。

プラクティカル・プレゼンテーション　改訂版

上村和美/内田充美[著]　B5判　￥1,400＋税　978-4-87424-426-5

自己紹介からデジタルプレゼンまで身近なトピックを通じて基礎から学べる、自己表現力を高めるための実践的プレゼンテーション入門。学習者のフィードバックを反映し、より見やすく充実した活動内容となった改訂版。

留学生のための考えを伝え合う プレゼンテーション

仁科浩美[著]　B5判　￥1,800＋税　978-4-87424-842-3

プレゼンテーション（研究発表）に関する手順・構成や、よく使われる日本語表現を、個人・グループワークで行うタスクを通して基礎から学べる一冊。発表後の質疑応答も丁寧に解説しており、相手に配慮する態度を重視してコミュニケーション能力を高める。

大学生と留学生のための　論文ワークブック

浜田麻里/平尾得子/由井紀久子[著]　B5判　￥2,500＋税　978-4-87424-127-1

論文を書くための実践的なノウハウを詰め込んだ。「説得力のある論文」の書き方、「論文の骨組みとなる表現」の練習をドリルによって身につける。上級日本語学習者、大学生むけ。

Introduction to Communication for Japanese Students
大学生のためのコミュニケーション入門

Kevin Heffernan[著]　A5判　￥1,500＋税　978-4-87424-586-6

大学でのテキストとして採用されている、英語で書かれた日本人大学生向けのコミュニケーション入門書。コミュニケーションを学問的に、かつ平易に紹介。

ゼロからの統計学　使えるシーンが見える

竹田茂生/藤木清[著]　A5判　￥1,800＋税　978-4-87424-471-5

数字の情報やグラフがメディアに氾濫する今、統計学の知識は文系学生にも論文作成や就活に必須。難しい数式を極力減らし、身近なテーマのシナリオで、苦手な人も学びやすく工夫した。基本から学び直したい大人の読者にもお勧め。

スタディ・スキルズ関連テキスト

夢をかなえるキャリアデザイン

竹田茂生/藤木清［編］　A5判　￥1,500＋税　978-4-87424-520-0

なりたい職業に近づくための知識と手法を、「社会と仕事」「個人と仕事」の2つの柱で解説。職業の種類、仕事の流れ、価値観テストやSWOTによる自己分析。シナリオの登場人物に自分を重ねて学べる。ワークシート付で教科書にも最適。

基礎からわかる話す技術

森口稔/中山詢子［著］　A5判　￥1,300＋税　978-4-87424-727-3

雑談・話し合いからプレゼンテーションまで、話す技術の基本が学べる1冊。話す技術のなかでも最も基本を学びたい人を対象とした。基礎編では、話す技術の基本について解説し、練習編では話す技術を磨く場面を提示する。

基礎からわかる書く技術

森口稔/中山詢子［著］　A5判　￥1,300＋税　978-4-87424-809-6

2015年刊行『基礎からわかる日本語表現法』を大幅に改訂・改題し出版。前作から敬語の使い方などの「書く」以外の項目を削除し、大学でのライティングにおいて重要な「論文」「就職」での内容を充実させた。論理的に考える力を養い、わかりやすい文章を書くための教科書。高校までの国語で習ったことも含めて基礎から解説する。基礎編と練習編の2部構成。

感じのよい英語　感じのよい日本語
日英比較コミュニケーションの文法

水谷信子［著］　B6判　￥1,200＋税　978-4-87424-644-3

人とつきあうときの表現について、日本語と英語の場合を比較対照する。相手を傷つけないことを重んじた消極的な丁寧さではなく、相手とのよき関係を結ぶための、積極的に相手に近づくことを重視した対人関係表現を考える。

大学で教える英文法

畠山雄二［編］　A5判　￥1,600＋税　978-4-87424-519-4

英文法の知識は、英語の学術的研究にはもちろん、TOEICやTOEFLで高得点を取るにも不可欠。重要な文法事項の解説を、各項目、見開き2ページに凝縮した、事典タイプの新しい文法解説書。大学生に必要な英語力をこの1冊で。

徹底比較　日本語文法と英文法

畠山雄二［編］　A5判　￥1,800＋税　978-4-87424-689-4

日本語文法と英文法を並べて比較し、類似点や相違点を通して双方の文法が学べる新しいタイプの文法書。日本語文法を通して英文法がわかり、英文法がわかることで日本語文法を見直せる。

遠藤　章悟
（えんどう　しょうご）
45歳・男

衰退しつつある朝日デパートの事業本部長。再建の鍵を握る。

本丸　真帆
（ほんまる　まほ）
24歳・女

朝日デパート事業本部勤務。まだ2年目だが遠藤部長の下でやるき満々。

小川　和広
（おがわ　かずひろ）
53歳・男

東山商店街会長。中華料理店店主。何とかして商店街の活気を取り戻したい！

山田　一郎
（やまだ　いちろう）
23歳・男

朝日デパート事業本部勤務。本丸先輩について頑張る新入社員。

海野　渉
（うみの　わたる）
37歳・男

レストラン『ヴェニス』のオーナーシェフ。工夫を凝らして客の満足を追求する姿勢が奏功し、繁盛している。

志村　通
（しむら　とおる）
35歳・男

蓮浦市役所企画課課長補佐。自然と人が共生できる街作りをめざしている。

橋田　澄子
（はしだ　すみこ）
32歳・女

夫婦ともに都心のオフィスまで通勤している。最近、学園都市に越してきた。

佐々木　奈央
（ささき　なお）
34歳・女

アクアパークのマーケティング課課長。斬新なアイデアで予算不足を補おうとアイデアをひねる。

田中　一郎
（たなか　いちろう）
50歳・男

日の出食堂経営。客足の減少に悩んでいる。娘は医療福祉専門学校に通う。

内川　勇一
（うちかわ　ゆういち）
38歳・男

創業80年の老舗和菓子店の3代目店主。先細りの老舗をよみがえらせようと、改革プランを模索中。

千代田市

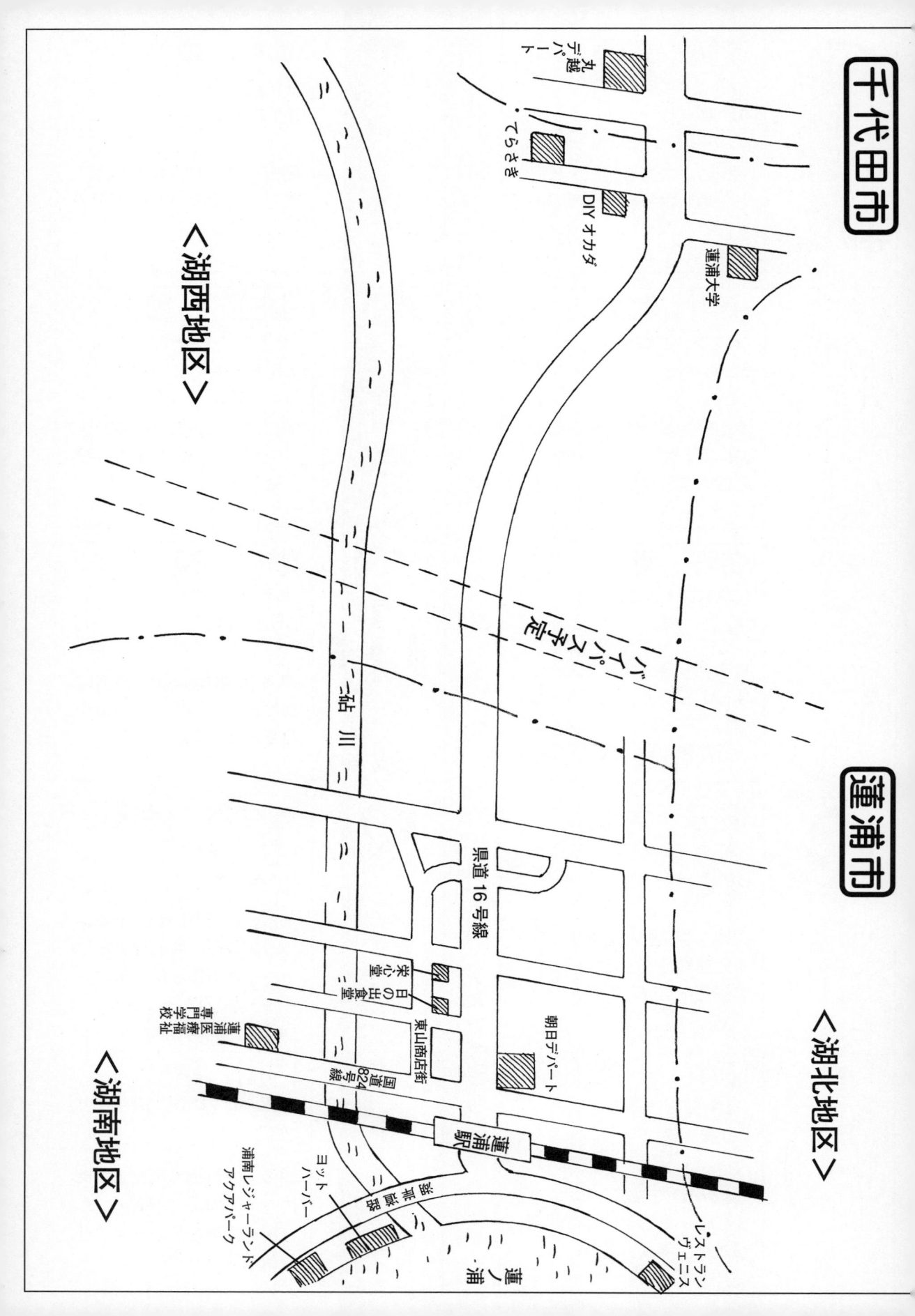

蓮浦市

<湖西地区>

<湖北地区>

<湖南地区>

丸越デパート
てらさき
DIYオカダ
蓮浦大学
粘川
アンプ定
県道16号線
朝日デパート
栄心堂食堂
日の正食堂
東山商店街
国道824号線
蓮浦医療専門学校福祉
蓮浦駅
レストランヴェニス
浦南レジャーランドアクアパーク
ヨットハーバー
蓮ノ浦